们最忠实的朋友，繁星与篝火是他们最亲切的伴侣。他们中的大多数寂寂无闻，只能在出土的残篇断简上看到其中一些人的名字，但若没有他们前仆后继的努力，这条路很可能就此湮没在历史长河中。但是，这条路并不为他们所独有——丝绸之路是贸易之路，亦是不同政治势力狭路相逢之路，还是东西方宗教文化碰撞之路。汉武帝勇敢的使者张骞曾带着汉朝的符节走过这条路，为的是联络西方的大月氏，一起抵抗越来越嚣张的匈奴；《西游记》中唐僧的原型玄奘也曾走过这条路，为的是前往佛教的发源地印度，带回纯粹精深的佛学，以使佛法在中原发扬光大。无数的使节与将士、僧侣与修士，都曾走过这条路，以各自的行为影响了历史的进程。因此，当我们重走丝绸之路时，我们也是在重温意味深长的历史与意蕴动人的传奇，品味那些闪光时刻：张骞毅然决然地离开繁华的长安城，奔赴未知的西域；来自西域龟兹国（在今新疆库车）的高僧鸠摩罗什忍受了 17 年的清冷寂寞，终于见到了长安，人生得以转折；云游僧人乐僔在敦煌三危山为"金光"景象动容，开凿了莫高窟的第一龛；北凉王沮渠蒙逊一心灭佛，却在流泪的佛像前放下屠刀；玄奘在茫茫沙漠中诵经，凭坚定的意志跨过生死边缘……我们的现实生活经历是有限的，但当我们置身于古人经历的情境之中，回味他们走在这条路上时的喜怒哀乐，并对他们做出评价之时，我们也在拓宽自己的生活的维度，丰富自己的见识与情感。

如今，越来越多的人肯定了这条贸易之路、政治博弈之路、宗教文化交流融合之路的价值。2014年，中国、哈萨克斯坦、吉尔吉斯斯坦三国联合提交的"丝绸之路：'长安—天山廊道'路网"项目申遗成功，成为全人类的共同财富——"世界遗产"的新成员。这一项目共有33处遗产点，其中在中国的有22处，分布在陕西省、河南省、甘肃省、新疆维吾尔自治区。在联合国教科文组织公开的官方文件中，这22处遗产点可分为4类：

一为"中心城镇遗址"，是丝绸之路上贸易往来、政治博弈、宗教文化融合的中心场所，这里催生了繁荣的商业与瑰丽的文化，如西安的未央宫、大明宫遗址，新疆吐鲁番盆地的高昌故城、交河故城遗址等；

二为"交通与防御设施遗址"，是丝绸之路上的关卡，如甘肃敦煌的玉门关遗址，或是政治势力博弈的前哨，如甘肃酒泉的锁阳城遗址、新疆阿克苏的克孜尔尕哈烽燧；

三为"宗教遗址"，是丝绸之路上佛教、摩尼教等宗教传播、融合的见证，如西安的大雁塔、小雁塔、兴教寺塔，新疆阿克苏的克孜尔石窟遗址等；

四为不属于上述三种分类的"相关遗址"，即陕西汉中的张骞墓。作为打通中原王朝与西域，从而使丝绸之路进入中原王朝视野的第一人，张骞功不可没，其墓葬进入世界遗产名单也是理所应当的。

在选择进行介绍的景点时，本书参考了"丝绸之路：'长安—天山廊道'路网"这一世界遗产项目的分类，兼顾能够体现丝绸之路各方面特征的中心城镇遗址、交通与防御设施遗址、宗教遗址。在进行介绍时，兼顾历史文化知识与旅游信息，希望在帮助读者建立知识背景的同时，提供实际旅途中可参考的信息。附录"知识进阶"中提供了一些学术界讨论"丝绸之路"的线索，对"中外交流史"这一领域感兴趣的读者，可就此做进一步探究。

丝绸之路自助游指南手册

盛舒蕾 著

ZHEJIANG UNIVERSITY PRESS
浙江大学出版社

什么是丝绸之路？

公元 1 世纪，膨胀中的罗马帝国尚且意识不到未来的危机，作为帝国中心的罗马城集浮华奢侈、铺张浪费于一身。衣食无忧的贵妇人对新奇事物趋之若鹜，在见到一种远道而来的精美织物时，她们纷纷为之疯狂。这种织物柔软顺滑，质感轻盈，穿在身上仿若无物，无怪乎穿惯了粗糙的亚麻、羊毛织物的罗马人对它钟情有加。为了满足有钱有势的上流社会的渴望，罗马帝国不惜花费巨资进口丝绸。生活在公元 1 世纪的博物学家老普林尼、哲学家塞涅卡，都在著作中谴责丝绸狂热，认为这样的奢侈风气正将罗马帝国推向深渊。

罗马名流虽然深陷狂热，却并不清楚这种奇妙的织物来自何处。在他们的想象中，帝国的东方有一个神秘的"丝国"，丝国人精于丝绸之道，但从不外传制作丝绸的秘密，只愿意出口成品丝绸。他们并不知道，在比想象中的"丝国"更遥远的东方，一个以"汉"为名的帝国，才是丝绸的真正来源。成群结队的商旅从汉帝国的都城长安出发，走过荒凉沙漠、连绵高山、广袤草原，经过若干商品交换的据点，汉朝商人将货物转手交给中亚的沙漠商队，中亚商人则将货物运载到罗马帝国，丝绸这才得以出现在罗马名流争相攀比的宴会上。工艺神秘、路途漫长、商旅抬价，官方又要提取税收，丝绸之贵重可想而知。

这一条贸易通路，以长安城（今陕西省西安市）为起点，向西经过河西走廊（大致位于今甘肃省境内）、西域（大致位于今新疆维吾尔自治区境内），进入中亚、西亚，再经由阿拉伯半岛抵达地中海地区。没有人能确定这一条通路起源于何时，因为来自民间的力量是无限的，早在汉武帝派张骞通西域之前，沿路的民间自发贸易就开始了。但这并不妨碍如今的人们重走这条"丝绸之路"，以充满思古情怀的旅途洗去现代生活的烟尘。

这一条路包罗万象，在路上可以饱览变幻无穷的自然景观。沙漠、绿洲、雪山、草原、湖泊、山林纷纷出现在眼前，更不用说绚烂多彩的丹霞地貌、嶙峋荒凉的风蚀地貌等奇特的地貌景观给人带来的震撼。而沿路的文明遗迹亦毫不逊色，无论是矗立于戈壁的古代关卡遗迹，还是被枯死的胡杨树围绕的古代绿洲国遗迹，或是萦绕于梦中的石窟壁画遗迹，都让人叹为观止，无法抑制怀古之情。

重走丝绸之路，不仅仅是在重复古代商旅的足迹。诚然，他们是这条路上最常见的旅人，为了生计不畏艰难，与无情的自然搏斗，骆驼与马匹是他

目录

丝绸之路中段北道

长安

西汉王朝饱受匈奴侵扰，汉武帝决心联络西域共同抵抗匈奴，遂派出张骞为使节。张骞排除万难抵达西域，带着来之不易的情报归汉，丝绸之路就此进入中原王朝的视野。

而西汉的都城长安，亦成为丝绸之路的起点。

虽然几度经历破坏，到了唐朝，长安城还是迎来了她的光辉顶峰：不计其数的商人从西域甚至更远的地方跋涉至此，在繁荣的西市售卖货物，来自西域的使者频繁出入于宫殿，充满异域风情的『胡旋舞』令人拍手叫好；名垂千古的高僧玄奘，也是在长安城踏出了西行的第一步。

如今的西安城依然洋溢着古都风韵。未央宫、大明宫遗址虽不复辉煌，苍凉空阔的景象依然催人生发怀古幽思，作为维持丝绸之路通畅有序的中原王朝的政治核心，这两座宫殿富于象征意义；大雁塔、小雁塔、兴教寺塔，是佛教经由丝绸之路来到中原王朝开枝散叶的标志，引人追想玄奘献身佛法的赤诚之心；萨保的墓葬与『大秦景教流行中国碑』，则点出了不同文化经由丝绸之路汇集于长安城的要旨；而在西安市以西的汉中市，亦有一座墓葬值得探访，开拓这条通路的先驱张骞就在那里长眠。

厚重历史的回音

    西安的历史看不尽。西周时诞生在关中平原的丰、镐二京，标志着西安城市史的开端。从 6000 年前的黄河流域仰韶文化半坡遗址，到骊山华清池"西安事变"旧址，从新石器时代到近现代，西安都留下了深远的印记。

    如今，作为陕西省省会的西安是中国中西部的交通节点，是带动西部地区发展的关键基地。凭借将近三十年的奋斗，西安高新区已然成为产业集中的发展前沿，正凭借高新技术产业领衔创新，提升国际化水平。然而在快节奏的现代化大都市发展潮流中，西安并没有忘记，也不会抛弃她博大而厚重的过去。坐拥丰富的历史遗产，西安是一座当之无愧的文物、遗址与博物馆之城，她为你展现了一条宽阔的历史廊道，你尽可以驻足欣赏，而且，你总会找到你想要的。

    如果你想通盘了解陕西历史文化与中国古代文明，陕西历史博物馆不容错过，在这座唐风建筑群中静躺着 37 万余件文物，远古石器、商周青铜器、汉唐金银器、历代陶俑与唐墓壁画可在一天内带你穿越三秦大地的千年历史。如果你对中华文明的远古源头感兴趣，位于西安东郊的半坡遗址博物馆则为你展现了新石器时代的生活图景。如果你想领略古代皇室墓葬文化，闻名遐迩的秦始皇兵马俑博物馆自不待言，位于咸阳市的汉阳陵也值得你从西安乘坐旅游专线前往参观，这是西汉"文景之治"的主角之一汉景帝刘启与皇后王氏的合葬陵园。在地下博物馆，你能够深入墓道，踩在玻璃上就可看到陪葬坑的发掘现场，仿若身临其境，满足你的考古瘾。如果你是书法与石刻艺术爱好者，西安碑林博物馆会成为你的天堂。如果你愿意想象盛唐长安城的似锦繁华，除了大明宫国家遗址公园，骊山华清池亦是不错的选择，在这里不仅有古建筑、古园林与山景相映，还有近代史上关键性的"西安事变"旧址。历史在这一点汇聚。

兵马俑

华清池

汉长安城未央宫遗址

地址：西安市邬六公路
交通：西安火车站坐9路至邬家村站下
门票：免费
文保等级：世界遗产
推荐评级：★ ★ ★ ★

元朔三年，即公元前126年，汉武帝刘彻等来了一个多年不闻音信的使者——张骞。

历经13年磨难，应募出使月氏的张骞终于回到大汉，再次见到当年告别武帝的地方：西汉都城长安的大朝正殿——未央宫。在朝廷上，他向汉武帝报告西域见闻：大宛、大夏、安息等国多奇物，风俗与中国类似，他们的军事力量薄弱，又羡慕汉地的财物。张骞又说：大月氏、康居等国虽然军事上很强，但我们可以提供经济援助，让他们归服于我大汉，这样天子的威德将遍于四海。

汉武帝听完，很是喜悦，封张骞为太中大夫。张骞带回的情报，让这个雄心勃勃的帝王难以平静，素来敢想敢做的他，被一幅壮阔的图景迷住了。他仿佛看到他的疆土沿着张骞远行的足迹，一路延伸到神秘的西域，而他的未央宫，将是光辉的中心，将是沿这条路西行的起点与东来的终点：使节与将士将从这里出发，向西开拓大汉的疆域，而面容、衣冠、语言各不相同的人们也将从西方远道而来，敬拜他的威仪。

张骞出使西域走过的那些行程，就是丝绸之路的重要组成部分。而西汉帝国的政治核心未央宫，就是这条路在东方的原点。重走丝绸之路的起点，也就在未央宫。

在如今西安市未央区汉城乡，北距渭河南岸约 2 千米，分布在邓六路两侧的大刘寨、马家寨一带，是汉长安城未央宫遗址的所在地。在张骞第一次出使西域的 60 多年前，这里还见不到巍峨的宫殿。当时的情形或许与如今的未央宫遗址的周边有几分相似，只见一片农田或者荒野。

当时，刚刚得到天下的汉高祖刘邦在为一个问题头疼：该在哪里定都？是在秦都旧地咸阳，还是洛阳？

早在刘邦定都之前，长安的建城史就开始了，这最早可以追溯到公元前11世纪。关中平原"八百里秦川"，南倚秦岭，北界北山，西起宝鸡峡，东至潼关，被渭河及其支流形成的河流网络切割成大小不等的"原"。《史记·周本纪》记载，古公亶父统领周人一族时，为戎狄所威胁，经过一番奔波，率领周人来到岐山之下的周原——西周的肇兴之地。文王姬昌讨伐崇侯虎，灭了沣河流域的崇国后，就在沣河西岸建起了丰京。文王之子武王姬发又在沣河东岸建镐京，丰、镐二京之间只隔一水，实为一体，共为都城，一直到周平王东迁洛邑。丰、镐二京的遗址，就在如今西安市的西南。

春秋战国五百余年，礼崩乐坏，征伐不断，最终由大一统的秦王朝画上休止符。原本偏居西方的秦曾屡次迁都，直到咸阳。在中国古代地名中，常见"阴""阳"二字。古人谓山南为"阳"，水北亦为"阳"，而山北水南则为"阴"。秦都之地在渭水之北，又在九嵕诸山之南，所以冠上了"咸阳"之名。

然而秦始皇以为咸阳人多，先王的宫廷太小，又听说周文王建丰京，武王建镐京，丰、镐之间，乃是帝王之都，于是在渭南上林苑中营建朝宫，这便是阿房宫，东西五百步，南北五十丈，上可以坐万人，下可以建五丈旗。杜牧在《阿房宫赋》中极尽笔墨描绘阿房宫之空前壮美，名句"戍卒叫，函谷举，楚人一炬，可怜焦土"人人传颂，给阿房宫抹上了浓厚的悲剧色彩。不过，真实的历史事件总是和集体想象存在差距，项羽所烧的秦宫室应是秦孝公迁都咸阳后营建的秦咸阳宫，而非当时尚未建成的阿房宫。

无论如何，咸阳道路四通八达，宫殿楼阁林立，确实繁华一时。然而，秦严刑峻法，暴虐滥刑，透支民力，不得人心，如何做万世美梦？终至二世而亡。刘邦的时代到来了。高祖六年，咸阳更名，取用咸阳南部某个乡聚的名字——"长安"。

就在高祖在咸阳与洛阳之间犹豫不决的时候，智囊张良出了主意。张良以为关中是"金城千里，天府之国"，东有崤山、函谷，险关当道；西有陇蜀，后盾强硬；南有巴蜀的丰饶；北有胡苑的便利。从关中向东牵制诸侯，不论诸侯安定还是有变，都可应付。这般形胜是"田地薄，四面受敌"的洛阳不能比的。

平民出身的传奇人物娄敬也不看好洛阳。他说刘邦取得天下的方式，不同于周王室。周的德治深厚，以德善取天下，全盛之时天下和洽，不屯一卒、不战一士便吸引众人纷纷归顺。周朝衰弱并不因为德薄，而是由于势弱。而刘邦则是以征战起家，从丰沛起事，到大败项羽，大战七十，小战四十，百姓肝脑涂地，父子暴骨中野，"一将功成万骨枯"，刘邦这个平民皇帝的脚下，是无数平民的悲痛。如今百姓的伤口还未弥合，刘邦却想将自己与安宁治世的周成王、周康王相提并论，未免不妥。

这一番话犀利带刺，但是打动了刘邦，他最终选择了秦都旧地咸阳。都城既定，还缺一座气派绝伦的宫殿，于是未央宫拔地而起。

当年负责营建未央宫的不是别人，正是开国功臣丞相萧何，可见汉室对未央宫何等重视。它位于汉长安城的西南隅，由于地处长乐宫以西，因此也被称为"西宫"。尚未建成的未央宫就已十分壮美，出人意料，甚至连刘邦本人都受到了惊吓，斥责萧何不顾天下实情，在民众尚未安宁之时过度营建宫室。萧何申辩说就应该趁着天下还未安定的时候兴建宫室，况且要是宫室不够壮丽，就没法加强威信，刘邦这才重又喜悦起来。

汉长安城的规划与营建，一方面继承了先秦宫城"崇方""择中"的风格，都城平面近方形。北城墙为了顺应渭河河道走向，南城墙为了牵就先筑的宫城，才形成了曲折。未央宫的平面则是更为规整的方形，宫城的轴线居中，且与都城的轴线重合。另一方面，汉长安城的四面各设有 3 座城门，全城共 12 座城门，在古代都城中绝无仅有。此外，汉长安城开创了每座城门"一门三道"的先例，并且为历代都城相沿。城中的主要街道与各个城门相通，形成纵横交错的棋盘式结构，每一个区隔都有自己的功能。

都城的重中之重是宫城。西汉的宫城，在长安城内包括未央宫、长乐宫、桂宫、北宫、明光宫。在城外还有建章宫，位于未央宫西面，与未央宫经飞阁相连，营造于汉武帝时期。长乐宫建得最早，位于汉长安城的东南隅，在秦的兴乐宫基础上改建而成，作为汉高祖刘邦的临时皇宫。自从汉惠帝正式进入未央宫议政，长乐宫就归属于太后。

公元前198年，即汉高祖九年，未央宫建成。高祖置酒于未央前殿，大朝诸侯群臣，给太上皇祝寿。刘邦尚未褪去下层平民的随意不拘，祝寿时还和太上皇开玩笑，宫殿中一时之间充满了群臣的"万岁"高呼与大笑声。料想在这轻松喜悦的一刻，他们眼中的长安城应是名副其实的长久安宁之城。再过72年，为了长安城，乃至汉朝未来的长久安宁，张骞从长安出发了。

刘秀建立东汉后定都洛阳，长安保留了宗庙陵寝，作为"西都"，也进行了修建。虽然长安依然保有宗族的象征，但毕竟不再是都城了。梁昭明太子萧统编撰的《文选》，开篇为班固的《两都赋》，分为《西都赋》与《东都赋》两部分，即是为西都长安、东都洛阳所作。在描绘了西都曾经的奢丽之后，班固显然更加中意于东都体现的中兴之德。初平元年（公元 190 年），董卓挟持汉献帝，迁都长安。好景不长，不久董卓被诛，董卓的部将李傕、郭汜等人攻入长安，又互相攻伐。一番大肆破坏下来，长安城空了 40 余日，强者四散，弱者相食，两三年间，关中无复人迹。

作为西汉皇家权力的核心象征，未央宫屡次被毁又几经修葺。光武帝刘秀就曾下诏重修西京宫室，后赵的石虎也发动了雍、洛、秦、并州 16 万人，复葺长安未央宫。若从未有过这些（番）修葺，未央宫也没办法成为之后在长安定都的前赵、前秦、后秦、西魏、北周诸朝的皇宫。

到了隋唐时期，虽然都城也叫"长安"，但和汉长安城不是同一个地方，而是在汉长安城的东南处。汉长安故城就此被划入禁苑范围，这才废弃不用未央宫。之后唐敬宗、武宗虽都下诏对未央宫进行些许修葺，但也不过是将之作为游宴之地。等到唐末长安城迎来又一次浩劫时，未央宫这样的汉朝故殿也逃不过被毁灭的厄运。

未央宫夯土台

对未央宫的集中考古发掘和研究，始于20世纪80年代。

根据考古勘测，宫城平面近方形，四周的宫墙宽8—10米，东、西墙各长2150米，南、北墙各长2250米，宫城周长8800米，面积约5平方千米，约占都城面积的七分之一。

1961年3月4日，未央宫遗址被国务院公布为第一批全国重点文物保护单位。2014年6月22日，在卡塔尔多哈召开的联合国教科文组织第38届世界遗产委员会会议上，未央宫遗址作为中国、哈萨克斯坦和吉尔吉斯斯坦三国联合申遗的"丝绸之路：'长安—天山廊道'路网"中的一处遗址点被成功列入《世界遗产名录》。

各式殿堂为数30有余，其中前殿是大朝之地，是未央宫的主体。汉武帝时曾用木兰、文杏、黄金、和氏珍玉大事修饰，富丽堂皇。如今留给我们的只有前殿的台基，东西长约200米，南北宽100余米，北端最高处为10余米，苍凉萧索中尚还残留了一些汉朝风情的线索。

西北的石渠阁是一座图书馆，属于战国时期开始流行的高台建筑式样，现存台基高7米，底部东西长60米、南北长50米。

在这座图书馆里，曾藏有萧何从秦宫拿来的图书典籍和档案，以及汉朝政府的国家档案，这里也就成了帝国首都的学术中心。

石渠阁以东的天禄阁也是一座高台建筑，现存台基高6—7米，底部平面呈正方形，边长20余米。司马迁、杨雄、刘向等学者都曾受益于天禄阁。

西南的低洼地为"沧池"故地，南北长约500米，东西宽约400米，池水清澈呈苍色。通过宫城内的"明渠"故道，沧池可从宫城外获得活水，成为宫城内的水库，既能缓解用水压力，又能美化环境。

用于避寒消暑的温室、凌室，唐时作为内苑的修葺，如今都看不见了。为了保护遗址并发掘遗址的景观价值，在如今的西安市西北建起了未央宫遗址公园，空旷苍茫，令人发思古幽情。

未央宫遗址公园

汉中风光

　　汉中位于陕西省西南部，北倚秦岭，南屏大巴山，中部是汉中盆地，位于长江最大支流—汉江的上游。汉中是西北与西南、东南连接的关键节点，从春秋战国时期以来都是兵家要地。公元前312年，秦惠文王占领此地，始置汉中郡；刘邦以汉中为基地，逐步平定三秦，统一天下；刘备自立汉中王，诸葛亮汉中屯兵。而凿空西域的张骞，就出生在这片富于激情的土地上。

　　位于汉中市中心的汉中博物馆，是近距离感受汉中历史文化的第一站。这里本是"古汉台"，建筑于楚汉相争时期，是在汉中当汉王的刘邦的王府。如今的汉中博物馆，除了拥有古汉台遗址，还有据说过去可以在上面一直望到汉江的望江楼，建于明代、古桂飘香的桂荫堂，以及清初所建的镜吾池。汉中博物馆最重要的陈列便是"汉台碑林"，包括褒斜古栈道陈列室与石门十三品陈列室。褒斜古栈道陈列室关注的是古代先民在秦岭与大巴山之

当代汉中

间穿山越岭的七条道路，也就是"蜀道"，其中包括"暗度陈仓"中的陈仓道。石门十三品陈列室中则安置了由于修建石门水库而从褒谷石门隧洞内外凿迁下来的 13 方摩崖石刻，为书法艺术之瑰宝。

三国时诸葛亮在汉中呕心沥血准备北伐曹魏，他的归葬之地也在汉中。虽然成都的武侯祠名气甚大，但史料证明汉中勉县定军山脚下的武侯墓才是诸葛丞相亲自指定的归葬处。墓区绿植丰富，古桂树矗立于墓畔，古柏、古松成片，清幽宁静，催人生发思古幽情。武侯墓往北，渡过汉江，便是汉中的武侯祠，比成都武侯祠更古老，据信是由后主刘禅下诏修建。

近年汉中市在武侯祠附近新建了一个名为"诸葛古镇"的景区，虽然属于人工景观，但也可以在参观武侯祠后前去吃小吃、看表演，休憩片刻。如果对古镇类景区感兴趣，位于洋县的华阳古镇是更好的选择，在这里还能看到宋元时期的古塔、古戏楼以及众多明

汉张留侯祠

清建筑，青山绿水配上秀美古镇，足以令人流连。

除了蜀汉历史的沉淀，汉中的自然风光亦是一绝。每年 3—4 月是汉中的春天，气候温暖少雨，正是油菜花盛开的季节。位于南郑县的汉山风景区是观赏大片油菜花的佳地，她的油菜花田由于地势原因富于层次感，并不会因为太平整而显得单调，青绿麦田与金黄灿烂的油菜花互相衬托，居民的房屋与绿树、桃花点缀在这块巨大的画布上，适合拍照，也适合沉醉。

汉山秀美，位于留坝县的紫柏山则气概爽朗。紫柏山是秦岭主峰太白山的支脉，以紫柏众多而出名，山峰层叠，松柏葱郁，清流潺潺，再多深呼吸也不为过，高山草甸更是在西北地区难得一见。紫柏山下还有一处"汉张留侯祠"，也就是"张良庙"，相传为刘邦重臣张良功成身退隐居的地方。无论是看过张良庙再爬紫柏山，还是看过紫柏山再来张良庙小憩，都能让人感觉到人事万象皆融于自然的意蕴，心情畅快。

17

张骞墓

地址：汉中市城固县饶家营村
交通：汉中市广场有前往城固县的班车，
　　　到达城固县后可乘坐江滨公园至张
　　　骞墓的旅游公交车
门票：20 元
文保等级：世界遗产
推荐评级：★ ★ ★ ★

又是一个看似平常的夜晚，草原上只有风与马蹄的声音。在匈奴之中生活了这么多年，张骞早已熟悉了这一切。这里离长安是那样遥远，虽然他已经走过了更远的路，来到了西域，看过了朝廷上最有学识的人都没看过的景象，这一路充满了新奇的发现，若是有生之年还能见到武帝，那一定有很多话可对他说……有生之年！张骞不由得悲上心头。西行西域的路上被匈奴俘虏，已是艰难脱险，谁能想到东归长安的路上竟又与匈奴狭路相逢，再次失去自由。

悲伤并未持续很久。随从堂邑父勇敢能干，他的匈奴妻子也可以信赖，也许逃脱的机会即将到来。他无论如何要见到汉朝的土地，要将武帝托付的使命履行到最后一刻。张骞收拾好心情，韬光养晦，等待时机。

西汉初年，匈奴始终是来自北方的威胁，刘邦曾出战匈奴，却无功而返。在剽悍的匈奴骑兵威胁下，西汉统治者很快就有了自知之明，明白中原战火熄灭未久，国力尚需恢复，此时对抗马背上的尚武民族，实为力所不能及，不得不对匈奴示好，尽力推行和亲政策，希图缓和矛盾，在经济与文化上慢慢渗透进粗犷野蛮的匈奴。

不过，到了汉武帝刘彻治下，缓兵之计也防不住匈奴的不断骚扰了。文帝、景帝与民休养生息，已然积累了反击游牧民族的力量，况且汉武帝本人又野心勃勃，意图找准时机痛击匈奴。元光二年，即公元前133年，汉武帝诏问公卿："我已将子女许配给单于，又给予了匈奴那么多金币文绣，单于却不领情，照样侵盗不停，我实在忧虑。"汉武帝表露出征战愿望，大臣也没有异议。不久，武帝便命韩安国、李广、王恢等人为将军，在马邑诱击匈奴，不过并未成功。

其实，早在马邑之战之前，汉武帝就有了用武力解决问题的想法。这就要追溯到一条由匈奴俘虏提供的情报：当时的匈奴已经打败了原本占据了河西走廊的月氏人，将月氏王的头骨制成饮器。经此惨败，除了小部分月氏人向南遁入祁连山，大部分月氏人抱着仇恨向西奔逃。得知这一情报后，汉武帝自觉时机已到，意图遣使月氏，联合月氏夹击匈奴。这无异于一次大冒险，因为要到达月氏的土地，就必须涉险靠近匈奴的领地，而当时汉人对异域几乎一无所知。

尽管自知危险重重，但还是有一个勇敢的职官回应了武帝的招募。他就是汉中人张骞。建元二年，即公元前139年，张骞带领着百余人踏上了未知的旅途。

途经匈奴领地时，张骞一行果然落了难。单于质问张骞："你们汉人要想抵达月氏人的领地，就得先跨越我的土地，那么要是我想跨越你们汉人的领地出使南方的越国，你们难道能答应？"愤怒的单于虽然没有立即杀死张骞，但还是将他扣留了十余年，甚至还给他指配了匈奴妻子，看来是打算将他这一辈子都捆绑在匈奴的土地上了。张骞能屈能伸，暂且安定下来，与匈奴妻子有了孩子，但未曾抛弃汉朝使节的责任，终于等到了逃跑的时机。

逃出匈奴的手掌心，他们向西走去。走了数十日，来到了中亚古国大宛。大宛大致位于费尔干纳盆地，即如今的乌兹别克斯坦、吉尔吉斯斯坦、塔吉克斯坦三国交界的地区。对于汉的富饶，大宛早有耳闻，欲与汉交往而不得，张骞的到来正是个解忧喜讯。张骞希望大宛王派人为他导路，并承诺归汉后给大宛巨量财物。在大宛王派出的人员陪同下，张骞抵达康居，即如今的哈萨克斯坦巴尔喀什湖与咸海之间的地区。离开康居后，张骞才最终跋涉到了大月氏的领地。

此时的情境，却早已不是汉武帝当年得到情报时的情境了。当地大夏人善于经商，但弱于战斗，迁徙而来的大月氏人的嚣张气焰逼得他们臣服。丰饶的土地尽归大月氏所有，还没有外寇骚扰，大月氏人乐得自在，早已抛弃了对匈奴的仇恨，只求维持现在的安乐。何必被遥远的汉人拖下水呢？张骞一路艰辛，竟然只能无功而返。

行路之艰辛尚未结束，归途也不顺利，张骞又被匈奴抓住了，不得已又停留了数年。直到单于去世，匈奴内乱，他才得以与匈奴指配的妻子，还有随从堂邑父逃回汉朝。堂邑父是个能干的助手，作为胡人，他长于射艺，窘困急迫时便会射禽兽以作食物。一开始有百余人的出使队伍，经过了 13 年的种种曲折，此时只剩下张骞与堂邑父两人了。

虽然大月氏不愿与汉联合，出使的初衷没有实现，但张骞的收获还是赢得了天子的欢心。对于大宛、大月氏、大夏、康居等地，张骞将他了解的信息一一告知天子。在大夏，张骞曾见过大夏商人从身毒，也就是印度，带回来的邛竹杖与蜀布，这说明可以取道蜀地而至异域；大宛、大夏、安息之类，都是大国，富于奇物，但兵力虚弱；大月氏、康居之类，则兵力强盛。针对不同国家的特点，制订不同的策略，汉就可以"威德遍于四海"。

此外，张骞还跟着大将军上了对阵匈奴的战场。由于他熟悉水草的分布，军队免于困乏，张骞还得以凭此被封"博望侯"。两年后，在打通河西走廊的战役中，由于李广将军的一次失败，张骞又回归了庶人身份。不过，汉武帝依然看重张骞的履历，打通河西走廊后，汉武帝重新起用张骞，派他率领300人出使西域，带上数以万计的牛羊、巨大的财富。张骞本人到达了乌孙，又分遣副使到大宛、康居、月氏、大夏。乌孙派了数十位使者跟随张骞归汉，一览汉之广大。

张骞归汉，又一次打开了汉朝对外交往的格局。在他去世后，他派遣到大夏等地的副使也纷纷归来，带着出使地派来汉朝的使者，汉朝西北的诸国就此开始了与汉朝的来往。张骞的"凿空"之功，从"文史祖宗"司马迁开始，便为后人世代纪念。他毅然决然、一路风尘的身影，在汉长安城的繁华背景衬托下，显得如此高大。

2014年，陕西省汉中市的张骞墓作为"丝绸之路：

'长安—天山廊道'路网"项目的遗产点之一，被成功列入《世界遗产名录》。向往丝绸之路的旅人，不妨前去拜访张骞墓，为第一个踏上丝绸之路的顽强不屈的使者献上敬意。

张骞纪念馆

张骞墓

张骞的墓在如今西安以西的陕西省汉中市。城郊以西约3千米处的博望镇饶家营村有一座张骞纪念馆。纪念馆的修建始于20世纪80年代，其中有经许寿裳教授等人确认为张骞真身墓葬的张骞墓冢，还有墓前的石碑与汉代石虎。模仿汉朝风格的阙式门楼，悬挂着"张骞出使西域图""凿空图"的三间献殿，挺立的石华表，参天的古柏，也许会使你觉得离这位无畏的探险家更近了一些。

古都漫步

古都没有忘记她的过去，这不仅体现在为数众多的文物、遗址、博物馆上，更体现在市民的日常生活中。历史融进了西安人的点滴日常。既然来了，就请不要着急，在漫步中寻觅安置在古城各处的文化记忆。

如今的西安城里，道路还保留着古代规划时横平竖直的特征，东西南北四条主干道的交汇点便是明朝留下来的钟楼。钟楼建在方形基座上，总高36米。白日登钟楼，西安城四面八方尽收眼底，颇有身居繁华世界中心的感觉。不远处与钟楼相对的便是鼓楼，鼓楼上陈列着大鼓。到了夜晚，钟楼、鼓楼灯光亮起，在夜色映衬下金碧辉煌。有不少游人便是被这两座光彩绚丽的建筑深深吸引，久久徜徉在西安的夜景中。

丝绸之路是一条宗教交流之路，作为丝路起点的古长安城曾见证了伊斯兰教与基督教在中原王朝的播种与发展，如今的西安

西安五星街教堂

城依然为宗教活动提供了空间。化觉巷清真寺（东大寺）始建于唐朝，大学习巷清真寺（西大寺）则是西安最早的清真寺，据传创建于唐朝开国之初。东大寺是中式艺术风格与来自阿拉伯、波斯的伊斯兰教艺术风格融合的结晶，令人深觉精美又新奇；西大寺则更为古朴幽静。在参观过程中要避免打扰礼拜，并且注意着装。

位于五星街的天主堂西安教区南堂则是一座始建于18世纪初的天主教堂，又称五星街教堂或南堂。教堂正门两侧置有天使雕像，顶端立着三个十字架，在夕阳余晖下分外有神圣感。教堂内部装饰的纹样则可谓是"中西合璧"。如果去的时间凑巧，可以看到弥撒，甚至遇上婚礼。参观时同样要注意尊重教徒，避免穿短裙、短裤和拖鞋。

西安的古民居同样值得一看，其中最知名的大约就是高岳崧故居，即高家大院。高家大院始建于明朝崇祯年间，高家七世为官，出过榜眼，因此这里又名七世官宅、榜眼府。在高家大院不仅可以欣赏由挪威特隆赫姆大学辅助设计重建的建筑，还可以观看国家级非物质文化遗产表演，包括秦腔、皮影戏等。

如果觉得走路还不够过瘾，西安城墙景区提供自行车租赁服务，不妨与朋友结伴在西安城墙上骑行一圈。存留至今的城墙主要是明城墙，高约 12 米，宽约 15 米。城墙曾在 20 世纪经历被拆除的风险，所幸最终几经修复终于完整。它环抱西安市中心，是中国现代大都市中分外难得的景观。

既然是古都生活漫步，自然少不了美食。传统的西安饮食以

西安老城

面食为主，羊肉泡馍、葫芦头泡馍、肉夹馍等都值得一尝。在一碗地道的羊肉泡馍里，煮好的羊肉与掰成小碎块的馍一起泡在汤汁里，肉烂，汤浓，馍也入味，配上调味料或佐餐小食，回味无穷。葫芦头泡馍与羊肉泡馍相似，只不过主要原料不是羊肉而是猪肠，因此具有鲜香滑嫩的口感。肉夹馍吃起来更随性，用纸袋包起来就能捧在手里吃，不过肉和馍都有讲究，腊汁肉软烂多汁，馍厚度适宜口感不干，如果偏爱油润的口感，肥瘦交杂的肉夹馍比全瘦肉的肉夹馍更合适。

至于如何寻觅美食，著名的回坊就在钟楼、鼓楼附近，是回族聚居处，游人可以一边逛回族风情街，参观清真寺，一边品尝西北小吃，但同时要注意尊重当地饮食习惯，不要携带酒和猪肉。只是回坊常常游人如织，如果不喜欢太热闹的地方，在西安城区寻找老字号店面也是不错的选择。

萨保的安伽墓、史君墓

地址：西安市未央区大明宫乡坑底累村、
　　　井上村

交通：西安火车站出发步行至火车站东站
　　　坐104路至井上村站下

推荐评级：★★★

安伽这一生的结局算得上圆满。他的父亲是粟特
人，来到北朝供职朝廷，母亲则是汉人。他沿袭了父
亲的官仕道路，供职北周朝廷，担任一个特殊的职位
——萨保。萨保的职责，不仅在于管理来华贸易或定
居的粟特人，也在于主持宗教祭祀活动：粟特人信仰
祆教，也就是拜火教、琐罗亚斯德教，这种宗教发源
于古代波斯。从他的墓葬中郑重的葬仪来看，他应该
是一位称职的、令人尊敬的萨保。

汉亡后，中原王朝分崩离析，分散的政权彼此争斗。原本统一的地方被割据成几个碎片，原本横贯的通路也难免受影响，因此300余年之间，丝绸之路时断时续，只有在某一政权统一了这条路所经区域的时候，它才恢复通畅。

由鲜卑族建立的北周政权，延续时间并不长，仅25年，却是中国历史上重要的过渡期。从公元577年，北周武帝宇文邕灭北齐，统一了分裂多年的北方，到隋国公杨坚于公元581年废静帝自立，建立隋朝，之后打败南方的陈朝而统一中国，魏晋南北朝的混乱终至休止。然而，从十六国时期开始，北方的"汉胡互化"就掀开了序幕。汉人与胡人慢慢融合，其中一些胡人，正是沿着丝绸之路来到这里的。粟特人便是沿着丝绸古道东来的一支胡人。

这些粟特人在人种上原属于伊朗系统，在中国史书中有"昭武九姓""九姓胡""杂种胡"之类的名号。所谓"九姓"，即为康、安、曹、石、米、何、火寻、戊地、史。他们从中亚的撒马尔干出发，以商队的形式走走停停，一路走一路贩商，若能遇上适宜居住、经商的地区，便会停下脚来形成聚居点。此后，一部分人会留下来生活，而另一部分人则继续向东探索新的安身之处。就这样走走停停，走到了长安。这段长路有时没有归程，他们在凉州之类合宜的聚居点落脚，就不再回去了，而是一心一意开始新生活。有一些粟特人甚至就长眠于长安，比如安伽与史君。

北周正处于域内大一统的前夜，安伽与史君从北周皇帝手中接过萨保的任命，以高贵的身份走完一生，最后安息于长安的地下。2000 年，陕西省考古研究所在西安市未央区坑底寨村发现了同州萨保安伽墓，安伽埋葬于北周大象元年，即公元 579 年。2003 年，在西安市未央区井上村东，又一处粟特人萨保的墓葬现身了，这就是北周凉州萨保史君墓，与安伽墓相距约 2.5 千米。史君墓出土的地方地势较高，即为"龙首原"，从秦汉至北周，这里都是汉长安城东面重要的墓葬区，有理由推测此处还有更多的粟特人墓葬等待着重见天日。

从这两处墓葬中出土的石刻图像，一方面有着鲜明的粟特文化的印记，另一方面也受到汉文化的影响，两种文化传统互动，催生了比粟特本地的文化更为丰富的内涵。石堂四壁用浮雕展现了粟特人的丧葬习俗和祆教信仰，而粟特文、汉文双语的题铭，则是研究粟特文字及文化时的珍贵史料。这样的个人生活史蕴含着四方流水交汇于海的题旨，而作为汇四方流水的海，长安也将在盛唐迎来她的荣光顶峰，其象征就是大明宫。

安伽墓围屏

安伽墓位于西安市东北郊，即汉长安城东郊，为汉代至西晋时期长安城的主要墓葬区之一。在安伽墓被发现之前，此地虽已有数千座汉晋墓葬得到了发掘，却还未有北周墓葬现身。

安伽墓的形制包括一条斜坡状墓道、五个天井、五个过洞、两个砖封门、砖封门后的石门、甬道、墓室。墓主人的骨架零乱地摆放于甬道中，墓室内却放置着一副围屏石榻，贴金，有浅浮雕彩绘，共 12 幅画面，包括车马出行图、狩猎图、野宴图等，描绘了墓主人生前的奢华生活。此外，诸多石门石刻也提供了珍贵的图像材料。

安伽墓围屏石榻

史君墓石椁

　　史君墓出土的石堂，不仅周身有着丰富的石刻图像，门楣上的粟特文、汉文的双语题铭也引人注目。门楣正面阴刻粟特文32行，汉文18行，粟特文部分书写流畅，汉文部分则出现了许多空白与错别字，据推测可能是由不太熟悉汉文的粟特人书写的。汉文部分交代了墓主人的身份："君……史国人也，本居西域……迁居长安……授凉州萨保"，于"大象元年薨于家，年六十六"。

史君墓出土石堂门楣上粟特、汉文双语题铭

大明宫国家遗址公园

地址：西安市新城区自强东路中段
交通：西安火车站步行至火车站西站坐703
路至太华路站下
门票：60元
文保等级：世界文化遗产
推荐评级：★★★★

公元742年，已过40岁的李白进入了长安，踏进了大明宫的金銮殿。他是受贺知章推荐而来的。唐玄宗遇李白，爱慕才情的心意顿起，以至于许了李白"龙巾拭吐，御手调羹，贵妃捧砚，力士脱靴"的待遇。然而，翰林供奉的日子还没过上多久，高力士与杨贵妃的阻挠便让李白心意难平，索性回乡。

虽然仕途不顺，但当他的才情遇上都城的如梦繁华，还是碰撞出了"五陵年少金市东，银鞍白马度春风。

落花踏尽游何处，笑入胡姬酒肆中"这样潇洒的诗句。诗中的"金市"，指的就是繁忙的西市。曾给失意的李白带来慰藉的胡人舞女"胡姬"，正在西市的酒肆中摇曳生姿。当时的长安城里，胡人的数量可能达到了10万。西市的粟特商人、酒肆中的西域龟兹国舞女、来自西域于阗国的画师、宫廷中的西域高昌国乐人，他们都沿着丝绸之路走到了它在东方的原点，各自营生。他们知道，在这个战乱之后完全复苏的城市，有一个以大明宫为政治核心的强力的王朝，正在维护丝绸之路的秩序。

如今的西安市，可以被认为是以唐长安城的位置与形制为基础建设的。在当时，与巴格达并称的国际大都市唐长安城，则是在隋大兴城的基础上建立的。

隋文帝开皇二年，即公元582年，大兴城开建了。这座未来的金色都城位于"龙首原"南麓，处在汉长安城的东南，由宇文恺担任总设计师。宇文恺曾是北周的大兴公，因此将这座新都城命名为大兴城，城内皇宫命名为大兴宫，宫内前殿命名为大兴殿。唐代隋后，大兴宫改名为太极宫。

大兴之名，自然寄寓着美好的期待，最终却因短命王朝的归宿，而显出讽刺的意味。隋炀帝固然怀抱着雄心壮志，开运河，巡河西，颇有些执掌天下的决心，有限的国力却禁不起隋炀帝的肆意耗用，改朝换代之时过早到来。618 年，唐代隋而成新朝，从此便是李家的天下。大兴城易名为长安城，并进行了修建、扩充。除了面积之大可谓空前外，相比汉长安城，唐长安城的形制更为规整。全城呈长方形，左右对称，道路均匀分布，中轴线则是朱雀大街。沿着朱雀大街向北，便是位居北部正中的宫城。百姓居住的地区叫作里坊，封闭式里坊制在这时最为完善、工整、有序、易于管理。对于这种形制，白居易有过这样的描述："百千家似围棋局，十二街如种菜畦。"

唐朝同样沿用了隋的大兴宫，并改名为太极宫。武德九年，即公元 626 年，在太极宫的北门——玄武门，发生了中国历史上非常著名的一次政变。六月四日，李世民率心腹长孙无忌、尉迟敬德等人伏兵于太极宫玄武门，待李建成、李元吉出现，李世民射杀太子李建成，尉迟敬德射杀李元吉，并击溃了随行的卫队。经此剧变，唐高祖李渊不得不新立太子李世民，退位为"太上皇"，从此不问政事，沉迷于音律之中。

太上皇居住的太极宫处于长安城北部中央，不巧正是低地，一到夏天便潮湿闷热，不宜居住。太上皇年事已高，为了给父亲一个舒适的消夏场所，唐太宗决定在长安城东北的高地上开建一座新宫殿。

公元 635 年的春天，将成为皇室居所、政治枢纽的大明宫开工，不料不久之后李渊便病逝了，工程也告暂停。直到唐高宗与武则天时，才决定重建大明宫，不过这一次的目的不再是营建皇家避暑的离宫别殿，而是索性将其建为唐朝的新皇宫。公元662年，在帝国45年的财富积累的支持下，大明宫的营建工程重启。

设计大明宫的人，很可能就是宫廷御用画师阎立本；监造者梁孝仁是帝国的司农少卿，主管农业；参与营建的人力，前前后后可能有数十万；来自南方的高档木材，源源不断地顺着大运河北上；国库划拨了帝国15个州的赋税收入，停发了长安各级官员一个月的俸禄。皇室不惜下巨本，焦急地期待着新皇宫落成的那一天，甚至在公元663年尚未完工的时候，皇室就迫不及待地搬迁了。

建成后，丹凤门是大明宫的南门，也是正门。一般城门只有三个门道，而丹凤门有五个门道，这在宫城营建史上是前所未有的。正对丹凤门的，是纵深630米的广场，广场尽头则是大明宫的主殿含元殿，坐落在三层大台上，殿基高出地面15米。如果不是有长长的坡道"龙尾道"的帮助，单是逐级爬台阶，就足够消耗年老臣子的许多精力了。如此巨大的工程量，竟能在两年时间里完成，足以证明唐的国力之盛。

完工后的大明宫占地共5000多亩。含元殿、宣政殿、紫宸殿三大殿从南向北排列在中轴线上，分别为外朝、中朝、内朝。含元殿用于大型仪典，宣政殿和紫宸殿才是真正的权力中心。宣政殿东为门下省，西为中书省。尚书、中书、门下三省直接按皇帝旨意行事，是最高的权力机构。

三大殿以北，则是皇家居住和生活的场所，其中有一个人工湖，名为"太液池"。太液池中有三座岛屿，象征东海三座仙山，其中最大的蓬莱岛上有一座"太液亭"。而在太液池西边的高地上，则是唐代形制最复杂的宫殿形式"三重殿"的完美演绎——麟德殿，它是中国历史上最大的木结构单体建筑，是举办宫廷宴会的场所。而太液池南岸的金銮殿，则是唐玄宗召见文人墨客的地方。

因玄武门之变登上皇位的唐太宗，先是亲征降服了占据蒙古高原的东突厥，接着平定了进攻凉州（今甘肃武威）、觊觎河西走廊的吐谷浑。贞观十四年，即公元640年，吐鲁番盆地的绿洲国高昌蠢蠢欲动，国王麴文泰联合西突厥人，攻打伊吾和焉耆，试图阻绝西域与中原的交通。唐太宗命令侯君集率兵击平高昌，以高昌为西州，以可汗浮图城为庭州（今新疆吉木萨尔北），并设立安西都护府于交河城（今新疆吐鲁番以西）。贞观二十二年，即公元648年，大唐骑兵又攻破了龟兹，安西都护府也随之西迁，下统安西四镇。

太宗之后，贞观之治的成果经守成之君唐高宗、干练女皇武则天之手而愈加光大，更不必提唐玄宗早年的清明之治。经过这一番经略，丝绸之路重归通畅，长安城再一次成为丝路商品最大的集散地。城内一共有两个市场，以朱雀大街为轴东西对称，分别是东市与西市。东市尚以汉人自家的买卖为主，西市则是胡人尽情发挥商业才能的舞台，更确切地说，是丝绸之路上西来的粟特人大展身手的舞台。

大明宫国家遗址公园内丹凤门复原模型

1957年春，大明宫的考古发掘工程开始。根据考古勘测，大明宫占地约3.2平方千米，东西1.5千米，南北2.5千米，略呈楔形，共有11座城门，面积相当于3个凡尔赛宫、4.5个故宫、12个克里姆林宫、13个罗浮宫、15个白金汉宫，无疑是唐长安城"三大内"（太极宫、大明宫、兴庆宫）中最为辉煌壮丽的一个。然而由于唐末长安浩劫，胜景不再，大明宫也如未央宫一般只余残基若干。

大明宫国家遗址公园内微缩景观模型

　　为了保护这片面积巨大的遗址，西安市在遗址处建置了大明宫国家遗址公园。这片公园里有将大明宫全景以 1∶15 的比例微缩复原的模型群；对大朝之地含元殿，人们进行了基台复原，再现了含元殿遗址的基本结构和布局，而唐代的土质遗存则被封闭在砌体之内，永久保存；复原后的太液池，池中有岛，岛上有亭，烟波浩渺；在公园中轴景观中心地下，有占地面积近 10000 平方米的大明宫遗址博物馆，展出出土文物与相关资料。

西安碑林博物馆

地址：西安市碑林区三学街15号
交通：西安火车站坐游7路或258路至省政
　　　务大厅站下
门票：旺季75元，淡季50元
文保等级：全国重点文物保护单位
推荐评级：★★★★★

　　丝绸之路是一条宗教文化传播的通路。公元635年，玄奘已经向西走完了这条路，正在印度北方的那烂陀留学，学业未成，离回归中原的日子还远。但在这一年，长安城迎来了另一个宗教的使者——叙利亚景教士阿罗本。

　　初唐时，李氏王族崇奉道教，但对其他宗教也保持了包容的态度。玄奘西行，实际上是以偷渡的方式走出了大唐的国土，然而唐太宗后来不仅没有追究玄奘的偷渡之罪，反而答应资助其译经事业，这便是宗教宽容的例证。对于携带着真经从西亚远道而来的景教士阿罗本，唐太宗也礼遇有加，特派开国老臣房玄龄前去迎接。

所谓"大秦"，是罗马帝国在汉文典籍中的名字，这时西罗马帝国已然灭亡，实指东罗马帝国。所谓"景教"，就是基督教中的聂斯脱利派，信奉君士坦丁堡主教聂斯脱利所倡导的教义。这个教派形成于5世纪，由于被判为异端而向东方逃跑，在叙利亚和美索不达米亚有一定发展，之后获得了波斯国王的保护。

第一个来到中国的基督教传教士阿罗本，就是从波斯入唐的。这时的波斯已然与唐建立起密切的交流，而唐也将在阻挡阿拉伯扩张的进程中出力。20多年后，公元661年，唐将王名远将被派遣为吐火罗道置州县使，专程赴吐火罗阿缓城，创置吐火罗（今天的阿富汗北部兴都库什山与阿姆河上游之间一带）、波斯等十六羁縻州兼都督府。此后中亚内陆诸国在名义上都会列置为唐朝州府，旨在遏制来自阿拉伯半岛的"大食"的扩张。

一年后，唐又罢废波斯都督府，恢复波斯国名，册拜王子俾路斯为波斯王，公开支持以吐火罗为基地的波斯复国斗争。在俾路斯去世后，唐又册拜其子泥涅师为波斯王，从长安启程返回吐火罗，主持抗击大食的复国斗争，而名将裴行俭率兵护送。直到公元750年的怛罗斯（今天的哈萨克斯坦共和国江布尔州）之战，由于随行的回纥葛逻禄部叛变，唐将高仙芝惨败于大食，唐朝的势力才开始撤出中亚。

阿罗本向唐太宗解说了景教的奥妙，唐太宗深受触动，以为景教教义"玄妙无为"——李唐王朝首崇道教，唐太宗似乎是在以道教理解景教。不管怎样，唐太宗毕竟还是下令在京师义宁坊为阿罗本建造景教寺，亦称大秦寺，度僧21人。唐高宗即位后，又册封阿罗本为"镇国大法主"，基督教聂斯托利派就此在长安城开枝散叶，以至于"法流十道""寺满百城"。

近150年之后的公元781年，步阿罗本的后尘而来到中原的景教士景净，终于完成了一桩心事——由自己撰文、吕秀岩书写的石碑刻成了。在这篇汉文写就的文章中，景净以阿罗本的个人传奇为引子，运用儒道佛经典和史籍典故阐释了景教的教义，追述了从阿罗本以来的中原景教发展史，赞美了唐太宗、唐高宗等几位皇帝的支持。这就是"大秦景教流行中国碑"，碑上基督教的十字架与佛教的莲花座相映，汉文、叙利亚文共存。这块见证了丝绸之路上宗教传播的传奇之碑，如今被安置在西安碑林。

无论你是不是书法爱好者，西安碑林都会为你带来一场视觉盛宴。碑林初建于北宋元祐五年，即公元1090年，初衷是集中保护唐开成年间的《十三经》石碑。以后历经金、元、明各代增添，石碑越积越多，最终密密成林。如今的西安碑林位于西安市三学街，共有七个陈列室、七座游廊和一个碑亭。就算对书法只有一知半解，仅仅是行走在密密成林的石碑之间，也会觉得像石料一样厚重的历史感扑面而来。想象一下拨开泥土发现汉字显露出来的那一刻。有很多时候，正是这些碑刻揭开了笼罩在古人身上的迷雾，从历史事件到美学情怀上都让我们有了收获。

在西安碑林，另一方有趣的石碑是"大唐三藏圣教序碑"，其上刻写了唐太宗的《大唐三藏圣教序》、唐高宗的《大唐三藏圣教序记》、三藏法师玄奘的谢表、一段佛经译文。这块碑上字字都出于"书圣"王羲之，然而王羲之生在东晋，就算是给两位皇帝和绝世高僧写字，也不可能穿越到300年后的唐朝。

这块石碑是慈恩寺僧人怀仁的心血。在24年里，怀仁收集、拼凑王羲之的笔迹，终于在公元672年完成此碑，它的别名"集王右军书圣教序碑"，就表达了这一层含义。相传在收集笔迹时，怀仁开价一两金换一字，"千金帖"的名号就是这样来的。此碑广采王书之长，非常注重变化和衔接，摹刻亦颇为精到，足以代表王氏之书的精华。

至于这块石碑背后的故事，则不得不提三藏法师玄奘——沿丝绸之路西行的中原王朝僧侣中最著名的一个。

西安碑林

碑额

明天启三年，即公元 1623 年，在陕西西安城西面约 70 千米的盩厔县（即今周至县），一位农民在挖土建屋时掘出了"大秦景教流行中国碑"。

全碑高 2.36 米，宽 0.86 米，厚 0.25 米，重约 2 吨。通观碑面，可发现景教元素与中国既有宗教文化元素的融合。碑额刻有一个十字架，环绕十字架的是祥云，又有莲花座烘托。正中顶部书"大秦景教流行中国碑"，下有楷书汉字 32 行，每行 62 个字，碑文共计 1780 字，首题为"景教流行中国颂并序"，下署"大秦寺僧景净述"。碑底和两侧有古叙利亚文教士题名。此碑被埋于地下，很可能是在唐武宗会昌五年（即公元 845 年）大灭佛教之时，景教亦被视为"邪法"，遭到致命打击。

碑身

作为一件珍贵的宗教文化交流实物证据，此碑从17世纪开始获得了巨大的关注。许多西方传教士得知石碑出土的消息后，争相传拓，把碑文译成拉丁文介绍到欧洲，其中就包括在华耶稣会士金尼阁（Nicholas Trigault）。当地人怕此碑被传教士盗走，把碑秘密转移到附近的金胜寺内。20世纪初，丹麦人傅里茨·荷尔姆（Fritz Halms）曾出3000金买下此碑，准备运往伦敦。清廷得知消息后，立刻通令陕西巡抚制止，陕西巡抚派陕西学堂教务长王献君与荷尔姆协商，最后荷尔姆获准将复制品带回伦敦。荷尔姆后来又复制了一批，分派各国大学和朝鲜金刚山长安寺。1907年，陕西巡抚下令将原碑安置在西安碑林，即如今的西安碑林博物馆。

碑文拓片

49

大慈恩寺、大雁塔

地址：西安市雁塔区雁塔南路北口
交通：西安火车站坐 41 路至大雁塔南广场
　　　站下
门票：50 元，登塔 30 元
文保等级：世界文化遗产
推荐评级：★★★★★

今天，在西安市的夜晚里漫步，你会看到大雁塔前的广场上彩灯闪耀，喷泉伴着音乐起舞，市民与游人在水气中流连。视线越过大慈恩寺，便能仰望那灯光辉映中的大雁塔。在白天登上大雁塔，这时你就能感受到，对于西安，这座唐代古塔不可或缺，正如对于在发源地印度渐渐湮没，却在中国开枝散叶的佛教，玄奘不可或缺一样。

公元 627 年，玄奘步履匆匆地离开长安，几乎是在逃亡。公元 645 年，玄奘结束了 17 年的行程，带着从印度取得的 657 部佛经、150 粒佛舍利、7 尊佛像，再次见到睽违已久的长安城。这时的他大约不会想到，千余年后的人们将会在一座佛塔前，向早已离去的他致以深深的敬意，无论是沙门还是俗家子弟。

公元 600 年，玄奘生于距离洛州（洛阳）30 多千米的陈河村，俗姓为陈。玄奘的家庭也算得名门，高祖和曾祖做过北魏太守，祖父出任过国子博士，父亲则是隋朝的县令。只是玄奘幼年不幸，5 岁时母亲去世，5 年后，辞官隐退的父亲也撒手人寰。年仅 10 岁的玄奘跟随兄长来到了洛阳的佛寺，从这时开始，玄奘的一生便与佛法的光芒紧紧纠缠。

当时的洛阳，有一座声名赫赫的佛寺——白马寺。此寺之所以命名为"白马"，是为了纪念魏晋时期佛教的东传。佛教初创是在公元前 6 世纪，印度的一位王子乔达摩·悉达多看透了人间的生老病死，抛弃一切繁华富贵，在菩提树下悟道成佛。到了公元 67 年，两位印度僧人用白马驮着佛经和佛像抵达中国，带来释迦牟尼的智慧。人们感念白马一路辛劳，功不可没，便以之命名中原王朝的第一所官办寺院。

敏慧过人的玄奘在洛阳接受了破格剃度，此时他还只有 13 岁。佛门清净的日子还没过几年，公元

618 年，隋帝国最终无法抵挡压抑已久的愤怒，爆发了大规模战争，长安因战火而破败。就在这时，玄奘第一次来到长安，目睹了备受蹂躏的长安，遂决意南下游学，这一走就是 7 年。

7 年里，玄奘访问了几乎所有的高僧大德，一起辩论佛法。当时，中原的佛经残缺不全，而且在从梵文翻译到汉文的过程中，也产生了大量的遗漏与曲解。中原的僧人再怎样见闻广博、学养深厚，也过不了缺少原典的坎。正因如此，7 年的游学岁月并没有使玄奘满足，一些萦绕于怀的疑问反而更加纠缠。

契机出现在公元 625 年，玄奘结束游学，第二次来到长安。这次他遇到了正在长安讲经的印度僧人波颇，波颇建议一心求学的玄奘前往印度的那烂陀。此时的印度已不是沙门的家园，当玄奘历经千辛万苦终于踏上心中圣土时，迎接他的是曾经辉煌一时的佛塔、佛寺的废墟，在佛祖悟道的菩提树下，玄奘曾失声痛哭。但在印度北方的那烂陀，尚保留着佛学中心的气息，瑜伽学派的权威——戒贤法师就在此地讲经，玄奘拜他为师学习 5 年。

然而，当玄奘还在长安城逗留时，这后来的一切际遇恐怕都是他所想象不到的。波颇的建议打动了他，但他提出的西行请求却遭遇了拒绝。此时的唐王朝毕竟还年轻，况且还要面对又一个新兴于草原的民族

——突厥人的威胁。就在玄奘请求西行的公元 626 年，突厥可汗率领 10 万骑兵，竟然长驱直入到达长安郊区。唐太宗亲自上马，单骑会可汗，这才将可汗劝退。这个有惊无险的事件也标志着唐与突厥对抗的开始，唐随后就下发了禁边政策，严禁百姓外出。玄奘没有获得跨越边境的特权。直到公元 627 年，饥荒折磨着长安城中的男女老少，紧闭的城门终于打开，放任长安城里的灾民逃难，玄奘混在灾民中，这才走出了长安城。

此后在河西的凉州（位于今甘肃省武威市），一边设坛讲经、一边等待出城时机的玄奘收到了当即返回长安的命令，若不是有幸得到凉州的佛教领袖的支持，在两个僧人的掩护下得以离开，玄奘的路途恐怕就要过早地结束在凉州城了。

在镇守大唐边境的军事重镇瓜州（位于今甘肃省瓜州县），瓜州的地方官员李昌拿来发自凉州的通缉令，通缉的对象正是企图私自跨越边境的玄奘。若不是因为李昌是虔诚的佛教徒，撕毁了官牒，玄奘也难逃被遣返的结局。

绕过严防密守的玉门关，在瓜州五烽之一的白墩子烽火台下，玄奘想要取水，不料最终还是被烽火台的守军发现。幸运再次降临，烽火台的指挥官王祥也信佛，对玄奘恭敬有加，不仅没有惩处这个偷渡者，反而还让守军为玄奘准备了足够的干粮和饮水。第二天玄奘离开时，王祥还建议玄奘直接前往第四座烽火台，因为那里的守将是他的宗亲，也是佛教徒。

就这样，在一连串佛教徒的帮助下，玄奘才得以偷偷摸摸地跨越大唐的边境，走向西域的漫漫黄沙。回望历史，有时不得不注意到其间的荒诞与讽刺。一项对后世意义深远的事业，在一开始也有可能受到一些看起来有些匪夷所思的阻挠：西域的沙漠与葱岭的雪顶都没有打垮玄奘，怎么还在大唐的国境内，就偏偏遇上了追缉，落得一举一动见不得光的境地呢？

然而，当玄奘从天竺回来时，丝绸之路的秩序却明显要比去时好得多，这要归功于已经控制了高昌（今新疆吐鲁番）、焉耆（今新疆焉耆）等国，正在不懈地对抗游牧民族的大唐骑兵。这次，玄奘来到了于阗国，在这里受到了佛国的礼遇。按理说，这时的玄奘依然还是唐朝的偷渡犯，于是他写了一封信寄给唐太宗，希求皇帝原谅自己当年私自出关越境的行为，随后在于阗国等待回音。这一等就是半年。半年之后，大唐的特使来到于阗国，唐太宗原谅了玄奘，并且为他安排好了归国的行程。

对于玄奘和唐太宗，公元 648 年都是一个重要的年份。大唐骑兵终于拿下了龟兹国，并将安西都护府迁至此，下设龟兹、于阗、焉耆、疏勒（今新疆喀什地区）四镇，史称"安西四镇"，昭示着唐进一步强化了对昆仑山以北、天山以南、围绕塔里木盆地的地区的统治。能在多种势力交错博弈的西域取得这样的成绩，戎马一生的唐太宗也许会感到欣慰。

也是在公元 648 年，玄奘第一次来到唐太宗的玉华宫。玉华宫位于今天的陕西省铜川市，居于山谷之中，就在这里，玄奘将译完的瑜伽学派经典《瑜伽师地论》交给太宗，再次请求作序。玄奘之前曾请求唐太宗为自己翻译的佛经作序，但唐太宗一直没有答应。玄奘忍受了 17 年跋涉中的千辛万苦，在沙漠和雪山中险些丧命，回来后又日复一日勤勉译经，都是为了弘扬佛教，见到佛法深入人心、佛光普照众生的时刻，而天子亲自题写的序言，无疑是对佛教最好的保护。

太宗这次终于被打动了，赐给玄奘一件价值百金的袈裟，并且答应为玄奘翻译的经书作序。这便是唐太宗亲自写下的《大唐三藏圣教序》。这篇序言文辞华丽，对玄奘心诚求法的无畏，毫不吝惜赞誉之辞，称法师为"法门之领袖"，以"松风水月""仙露明珠"喻其清华朗润的风骨。写完这篇序言后不久，唐太宗下诏剃度僧人。大唐一时之间增加了 18500 多名僧人，这是一个不小的数字，仿佛重回南北朝时"多少楼台烟雨中"的岁月。后来，太子李治也亲自写下《大唐三藏圣教序记》，大书法家褚遂良用清秀健丽的笔法演绎了这两篇帝王笔下的文章，成为流传后世的书法精品。

还是在这一年，唐太宗李世民之子、太子李治感念离世的母后文德皇后的慈母之恩，为了给母后祈冥福，就在长安城南修建大慈恩寺。唐太宗此时已与玄奘过从甚密，遂委任玄奘为大慈恩寺的住持。这一年的玄奘已经 49 岁了。成为大慈恩寺第一任住持，是一份无上荣耀。唐太宗将这一份厚礼送给了还在长安弘福寺译经的玄奘，大慈恩寺也就成了玄奘创立的法相宗（唯识宗）的祖庭。

　　公元 648 年，大雁塔开始修建时，唐太宗已然离世。玄奘上书唐高宗，请求就在大慈恩寺营建一座佛塔，保存那一大批取自印度的经卷和佛像，高宗同意了。这一年是公元 652 年，就在 3 年后，武则天将成为唐高宗的皇后，正式踏上掌权的道路。

　　玄奘从印度带回的佛经是贝叶经，这种载体形式十分古老。制作贝叶经时，首先要采集一种棕榈科树木——贝多罗树的叶子，经过裁剪、烘晒等一番加工，然后用特制的铁笔将梵文刻写在叶子上，再涂以专用的墨汁，字迹就会显现出来。贝叶经虽然经久耐用，但有一大缺憾，便是很容易燃烧。玄奘对贝叶经自然视若珍宝，遂寄望于建造石质佛塔，将火灾阻挡在石砖外。

　　还在那烂陀留学时，玄奘就在附近看见过一座佛塔——亘娑佛塔。"亘娑"的意思是大雁，相传一位菩萨曾经化身为大雁，摔死在地上，僧人决定埋雁建塔，以示纪念。根据亘娑塔的造型，玄奘设计了大雁塔，还曾亲自背砖运石。不过由于工程量太大，一时找不到足够的石料，大雁塔最终只能用泥砖修筑而成。修成后，玄奘带回的经卷、佛舍利、佛像都转移到这座五层佛塔里。塔的底层南门两侧镶嵌着两通分别根据褚遂良的手迹——唐太宗撰写的《大唐三藏圣教序》和唐高宗撰写的《大唐三藏圣教序记》所刻的石碑。

后来，科举考试的新科进士也都会登塔题名，这就是作为唐代读书人梦想之一的"雁塔题名"。也许是因为三藏法师的功德与声望，在唐太宗、唐高宗、武则天等一系列统治者的庇佑下，大慈恩寺与大雁塔已经深深刻入唐王室的记忆中，在公元 845 年唐武宗下令灭佛时，大慈恩寺与大雁塔才能逃过一劫。这本是"三武灭佛"（北魏太武帝、北周武帝、唐武宗）中声势最为浩大的一次，当时全国上下 4600 多座佛寺被毁，26 万多僧尼被迫还俗，而在长安仅剩下两座佛寺，其中就有大慈恩寺。

不过，如同长安城的许多华宇大厦一般，在唐末的混乱中，大雁塔也遭到了破坏。经过明代的整修，现存的塔身为七层，高约 64 米，站在塔下，也许还能体验到岑参笔下的"四角碍白日，七云摩苍穹。下窥指高鸟，俯听闻惊风"。

大雁塔侧面

　　大雁塔是唐代楼阁式砖塔的代表作。高宗时初建，原为由泥砖建成的五层方形塔，砖表土心。武则天时改建，用青砖修成七层楼阁式方形塔，代宗时又改建为十层塔。由于战乱，至明代塔身残存七层，明人在外表包砌了一层砖，此塔才得以保存至今。

　　如今的大雁塔塔身高约60米，底座加塔身总高约64米，塔内设有通向塔顶的木构楼梯，可在塔顶俯瞰西安城景象。在塔底层南门东西两侧的砖龛中，镶嵌有根据褚遂良书写的唐太宗撰《大唐三藏圣教序》、唐高宗撰《大唐三藏圣教序记》所刻的石碑两通。大雁塔脚下的大雁塔广场，凭借大雁塔本身的深厚意蕴，成为亚洲最大的唐文化主题广场，是西安的观光休闲胜地，无论是游客还是西安市民，都可漫步于夜色中的大雁塔广场，体会唐朝旧影与现代都市景观的融合。

大慈恩寺

小雁塔

地址：西安市碑林区友谊西路72号，附近为西安博物院

交通：西安火车站坐游7路或258路至小雁塔站下

门票：免费，登塔30元

文保等级：世界文化遗产

推荐评级：★★★★★

说到大雁塔，就不得不说小雁塔。初次听说"大雁塔"与"小雁塔"的人，可能会将这两个明显是有意对应起来的名字理解为"大雁"塔和"小雁"塔，于是便会疑惑"小雁"为何物。事实上，古文中的"雁"即指"大雁"，这两个名字应当理解为"大"雁塔和"小"雁塔。

之所以有"大""小"之别，则不得不提起大雁

塔与小雁塔之间的种种契合之处：两座佛塔东西相望；大雁塔所在的大慈恩寺，是当时还是太子的李治为母后祈福而建，而小雁塔所在的荐福寺，则是在公元684年，已然掌权的武则天为刚刚离世的唐高宗李治祈福而建；两座佛塔都保存着著名僧人从异域带回的经卷、佛像等物。不同之处则在于，大雁塔修建时间早、规模大，而小雁塔修建时间晚，初建时在高度上也不及大雁塔，更何况之后又经历了多次地震，塔顶被震得坍塌。明朝嘉靖年间的一次地震，甚至使得塔身从中裂为两半。现在的小雁塔只剩13层，通高四十余米。从年龄与体量上讲，小雁塔就是"小"的那一个了。在荐福寺译经的僧人义净，也将大慈恩寺的第一任住持玄奘引为楷模。

义净也不是寻常人物。义净俗姓张，名文明，乃齐州人，即今天的山东济南，14岁时便出了家，对法显、玄奘西行求法的高风心存仰慕。不过，义净并没有步法显、玄奘之后尘，迎面走向沙漠与雪山，而是选择南下广州，在波涛中颠簸——公元671年，义净于广州取海道前往印度。他往来印度各地，遍历30余国。和几十年前的玄奘一样，义净也曾留学印度的佛学中心那烂陀，11年中潜心研究瑜伽、中观、因明和俱舍等等学派。最后求得梵本三藏400部，合50余万颂。

公元687年，义净在归途中再次经过室利佛逝，即今天的苏门答腊，在那里停留了2年，从事译述。为求得纸墨和写手，义净曾于公元689年回到广州，不久后返回室利佛逝。公元695年，在前后辗转20余年后，义净终于归抵洛阳，武则天闻讯后曾亲自迎接。

饱学佛法的义净回来后，先与实叉难陀等人共译《华严经》，然后开始主持自己的译场，61部佛经、239卷的翻译工作，就在他的统领下成为现实。在荐福寺，义净主持完成了《浴像功德经》《称赞如来功德神咒》等经文的翻译，除了有来自吐火罗、中印度、罽宾等地的沙门参与校对与修改，一些朝廷大臣也参与了润文正字。

除了翻译，义净也像法显、玄奘一样留下了著述，包括《南海寄归》四卷与《大唐西域求法高僧传》二卷。在《大唐西域求法高僧传》中，义净记述了从唐初开始前往域外求法的60多位僧人，最后一篇则是义净的自传。这些僧人大多数患病死于印度，或中途遇难身亡，或者索性不知存亡；有6人在印度为僧，大多是唐代去印度取经的新罗（唐时朝鲜半岛的国家之一）僧人或吐蕃人；只有9人从印度取经后返回大唐。由是观之，有唐一朝流传下来的汉译佛经，来之不易，每一句都是用僧人磨破的麻鞋编织出来的。

小雁塔正面

小雁塔位于荐福寺中。荐福寺始建于公元684年，原名大献福寺，公元690年改名为荐福寺。公元707年，小雁塔开建于唐中宗治下，与大雁塔东西呼应。

小雁塔为四方形，初高15层，是早期密檐式塔的代表作。密檐式塔可看作是由楼阁式塔演变而来，楼阁式塔沉稳庄重，如大雁塔，密檐式塔秀丽玲珑，如小雁塔。小雁塔的第一层较为高大，往上逐渐压缩每层的层高，致使各层的塔檐紧密重叠，越往上重叠越密，线条流畅而有弹性，富于动感。

公元1487年，小雁塔曾在一次地震中"自顶至足裂尺许"，但传说在公元1521年的又一次地震中，这条裂缝又神奇地复合了，是为"神合"。不过在嘉靖三十四年，即公元1555年的地震中，小雁塔塔身再次震裂。经过这么多次地震，如今的小雁塔塔顶残缺，只余13层，高约43米。

小雁塔的整修与保护始于1965年。经过多年努力，几经磨难的小雁塔成了西安市的另一处标志性景点。配上清康熙年间从武功县移入荐福寺的金代铁钟（铸造于公元1192年），"雁塔晨钟"再次成为引人遐思的一景。

兴教寺塔

地址：西安市韦曲镇少陵原
交通：西安火车站坐9路至北大街站下，换
　　　地铁2号线至航天城站（B出口）下，
　　　换917路至兴教寺站下
门票：10元
文保等级：世界文化遗产
推荐评级：★★★★

公元669年，玄奘圆寂已经5年。这一年，玄奘的遗骨被迁葬到樊川，即今陕西省西安市长安区南部，这是唐高宗的决定。玄奘的墓葬本来在长安城东面的白鹿原上，然而唐高宗每每登临皇宫高处，便能眺望到昔日国宝的安眠之地，触目伤心，无法释怀，才会决定迁葬玄奘遗骨。

樊川是个寺院林立的地方，有华严寺、牛头寺、观音寺、云栖寺、禅定寺、法幢寺、兴国寺、兴教寺，这八个寺院就是著名的"樊川八寺"。而兴教寺，就是为了迁葬三藏法师遗骨而新建的寺院。"兴教"之名出自唐肃宗的题字，意为大兴佛教。

不过，兴教寺的真容已于清朝消失。在如今的陕西西安市长安区少陵原畔，原本是"樊川八寺"之一的地方，只剩下了三座舍利塔，这就是兴教寺塔。

玄奘一生中最后的时光，并不是在大慈恩寺度过的。作为皇帝跟前的红人，高宗眼中的国宝，纵然玄奘想要一心一意埋首于浩瀚佛经中，也总不得如愿以偿。公元657年，大病初愈的玄奘跟随唐高宗来到东都洛阳，回到自己的故乡。自从年少时离开洛阳以来，这还是第一次归乡。

玄奘苦于找不到合适的清净地方，遂向唐高宗请求去少林寺翻译佛经，却被拒绝。一再请求之后，高宗才终于答应他在都城郊区的皇家宫殿翻译经卷。于是在公元659年，玄奘再度来到了曾为离宫别殿，却在651年为人废弃的玉华宫——此时已经被改造成了玉华寺。

公元664年的正月初九，玄奘在玉华寺不慎跌倒，从此不再离开禅房。心力耗尽的三藏法师很快便圆寂了，唐高宗心急火燎派出的御医没能赶上时候。就在玄奘圆寂前不久，卷帙浩繁的20万颂《大般若经》

翻译完成，前后历时 4 年。《大般若经》既已完成，玄奘自知时日已无多，遂停止了 19 年的译经事业，将剩下的任务交付他人。在这 19 年里，玄奘一共翻译了佛经 47 部，1335 卷，这是前无古人后无来者的成就。

玄奘在这片土地上完成了最后的燃烧，但是这片土地的命运一再向低迷之处滑去。从玉华宫到玉华寺，再到"安史之乱"后的毁坏、废弃，玉华寺就此消失在绿丛掩映的山谷中。满心忧愁的杜甫为唐势衰落所伤，写下了不少令人觉得触目惊心的诗作，《玉华宫》就是一例："溪回松风长，苍鼠窜古瓦。不知何王殿，遗构绝壁下。"杜甫所见到的玉华宫故地，已经是废墟一片了。

玄奘在长安东边的白鹿原下葬的那一天，长安附近 500 里内赶来送葬者，有 100 多万。可以想象远望白鹿原时，唐高宗内心的悲伤，也可以理解修建兴教寺与舍利塔以资纪念时，唐高宗心里的思念与感怀。

三座舍利塔中，玄奘塔是中间较高大的那一座。在玄奘塔的两边，分别是弟子窥基与圆测的舍利塔。三座塔中各自有一间小方室，分别安置玄奘、窥基、圆测的塑像。

玄奘本来最得意的弟子，应是为他笔录《大唐西域记》的辩机。不料辩机尚未断绝红尘执念，竟与唐太宗的女儿高阳公主私通，落得被诛杀的结局，玄奘痛失衣钵传人，备受打击。

窥基俗姓尉迟，字洪道，长安人。因为他的著作常常题名为"基"或"大乘基"，后人便称之为窥基。又因为窥基常住大慈恩寺，故世称"慈恩大师"。他17岁奉旨从玄奘出家，后随玄奘居大慈恩寺，25岁时参加了玄奘的译场。之后，窥基沉浸于佛经中，专事撰述，成为玄奘的得意弟子。窥基的弟子有慧沼，再传弟子有智周。智周弟子有新罗僧人智风、日本僧人玄昉等，正是他们在公元8世纪初将窥基著述传到日本，遂产生了日本唯识宗。

圆测则是新罗人，俗姓金，名文雅。公元627年，圆测来到长安城留学，公元645年得知玄奘回到长安后，圆测立刻动身前去拜师，得授《瑜伽师地论》《成唯识论》等。传说玄奘在大慈恩寺为窥基讲新译《唯识论》时，圆测买通门人入内偷听，玄奘刚一讲完，圆测即可立时开讲，足以显示圆测的敏慧过人。圆测的弟子有胜庄、道证等新罗僧人，也像窥基引导的慈恩宗那样成为一个分支派别，是为玄奘门下的新罗宗。

得此二徒，想必多少也弥补了玄奘痛失爱徒的憾恨。三位高僧的一部分精魂就此留在了兴教寺塔，一位在天竺赢得"大乘天"之敬称，辩经时曾以无边学识引得众人当场皈依，并且获得印度戒日王尊崇；一位将法相宗的学说发扬光大,在日本收获了新的发展;一位则本就是异域来客,在中原王朝的土地上潜心钻研,终成大德。玄奘费尽心血带回的贝叶经,如今不过剩下了十余残页,但这三座舍利塔依然矗立,正是初唐时期宗教文化交流的缩影。

兴教寺

　　陕西省西安市长安区少陵原畔的兴教寺，位于景色优美的樊川盆地，本是"樊川八寺"之首，由唐肃宗亲自题写"兴教"二字。然而在清同治年间，兴教寺毁于兵火。如今的兴教寺正殿、藏经楼等建筑，均为近代重建。

　　兴教寺毁，舍利塔存。三座舍利塔呈品字形布局，中间最高的一座是玄奘的舍利塔，五层方形楼阁式，塔背嵌有唐开成四年（即公元839年）镌刻的《大唐三藏大遍觉法师塔铭》，详叙法师一生业绩。第一层南面的拱门内方室，供有玄奘塑像。玄奘舍利塔的左右是两大弟子窥基、圆测的舍利塔，均有石刻塔铭和塑像。

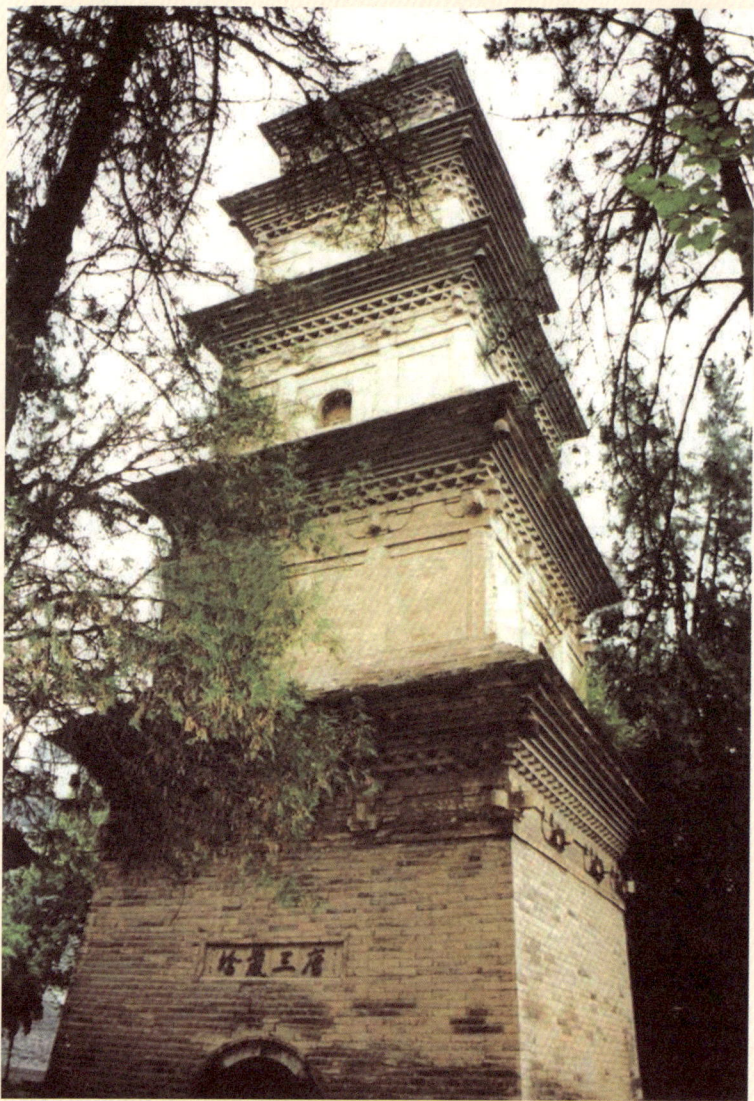

玄奘舍利塔

河西走廊

张骞凿空，功不可没，但若没有霍去病等将领的武功军威，心愿能否实现，就颇值得怀疑了。霍去病等人将黄河以西的狭长地带『河西走廊』纳入中原王朝的版图，在新得的疆土上，汉武帝自东向西设武威、张掖、酒泉、敦煌四郡，是为『河西四郡』。之后成为经营西域的据点，从外形上看就像是西汉帝国向西伸出的手臂。从长安出发的丝绸古道，就此得以继续向西延伸。

河西走廊是中原王朝与西域之间的桥梁，是丝绸之路的过渡段。论自然景观，河西走廊是自然之巧作，南为祁连山，北有戈壁滩，既有可媲美江南水乡的清丽动人，又有茫茫戈壁滩的辽阔肃杀，如此宽幅的地貌光谱，令人钦服于自然力的神奇。论人文景观，来自中原王朝的文化与来自西域的文化在此处相遇，共同催生了河西走廊独特的人文风貌。

在这一长达1000千米的条带上，焉支山、酒泉公园见证了中原王朝掌控河西走廊、打通丝绸古道的努力；萧关、当谷燧汉长城遗址、悬泉置遗址、阳关遗址、玉门关遗址，则象征着埋伏在这条通路上的政治势力的博弈，以及中原王朝经营丝绸之路的不易。在丝绸之路的过渡段上，时常上演中原王朝与匈奴、突厥等游牧民族的抗衡，要保持丝绸通畅，便要阻止游牧民族的侵扰。须弥山石窟、雷台汉墓、鸠摩罗什寺、天梯山石窟、马蹄寺石窟、张掖大佛寺、莫高窟，则是各个时期、不同地域的文化通过丝绸之路相遇后，在河西大地上留下的结晶，沉稳的汉风与瑰丽的西域文化交相辉映，沿丝绸之路东来的佛教文化在此地获得了惊人的表达。

六盘古意

　　固原市位于宁夏回族自治区南部的六盘山地区，历来是交通咽喉。汉代设萧关，唐代设陇山关，唐代原州七关也都在固原周围。关卡守护着这块兵家要地，在这里也诞生了精妙的文化结晶。

　　这里有宁夏地区最大的佛教石窟——须弥山石窟。大佛在景区附近的路上就可看见，山体表面裸露着红色沙石，氛围苍凉古朴。不过在深入景观之前，游人还是应该先去一次博物馆，初步了解这一地区的人文风貌。固原博物馆位于固原市市中心，常设展览有"固原历史文物展"和"丝绸之路在固原"。这里的收藏品中最引人注目的，要数春秋战国时期北方系青铜器，以及北魏、北周、隋唐时期丝路文物，其中来自波斯萨珊王朝的鎏金银壶、凸钉玻璃碗，以及出自夫妻合葬墓的北魏漆棺画更是国宝级的文物。

　　固原的自然风光，以位于泾源县的六盘山国家森林公园为代表。六盘山山体辽阔，森林公园却风景秀丽，谷底尤其如此，绿树之下流水潺潺，仿佛穿越到江南。到了秋天，色彩斑斓的落叶会让此景更为迷人。

固原人喜吃生氽面，最常见的是羊肉氽面。制作生氽面其实不难，不过有一道"醒面"的工序，即用盆子或塑料薄膜扣住和好的面团，扣 10 分钟左右。醒完面就把面拿出来压扁、用擀面杖摊薄，把薄面划成条、揪成片，下锅煮熟。一碗好的生氽面汤汁鲜美，肉丸新鲜且分量足，简单一碗就能让你恢复元气。

固原远景

萧关

地址：固原市南约40千米
交通：坐出租车或自驾前往
门票：免费
文保等级：省级文物保护单位
推荐评级：★★★

须弥山石窟

地址：固原市西北约55千米
交通：先从固原市到三营镇，再坐出租车
　　　或自驾前往
文保等级：全国重点文物保护单位
门票：60元
评级：★★★★

贞观末年，即公元649年，唐太宗的生命就快走到尽头。就在这一年，他北出萧关，巡幸灵武（今宁夏永宁西南），会见了生活在中原王朝以北、以西的突厥、回纥等族首领。这次会面中，突厥、回纥等族首领尊称唐太宗为"天可汗"，这个至高无上的尊号，仿佛是在总结唐太宗的戎马一生。

在丝绸之路上，如今位于宁夏回族自治区南部六盘山地区的固原，是从长安到河西走廊的连接点。从关中平原走到固原，就是走到了河西走廊的起始段，进入丝绸之路的过渡段，要做好沿路遇上匈奴、突厥、回纥等西北游牧民族的准备。

所谓"关中"，东晋徐广在注释《史记》时提出这一说法："东函谷，南武关，西散关，北萧关"，其中的"萧关"便位于如今的固原地区。萧关是一大卡口，是"襟带西凉、咽喉灵武"的险关，是由塞北通向关中的要冲，关中西北依靠萧关的保护，因而是兵家必争之地。匈奴侵扰汉地时，也没有放过萧关。《史记·匈奴列传》记载，汉孝文皇帝十四年，即公元前166年，匈奴单于曾率领14万骑进入萧关，杀北地都尉印，俘虏了大批人民和抢夺了大量畜产。之后又到了固原东面的彭阳，再派出奇兵烧了秦汉行宫回中宫（今陕西陇县西北），候骑抵达雍县（今陕西省凤翔县南）与甘泉宫（今陕西省淳化县甘泉山南麓）。

除了唐太宗，汉武帝、唐肃宗也曾在萧关留下身影。《汉书·武帝纪》记载，元封四年，即公元前107年的冬天，汉武帝通回中道，随后向北出萧关；天宝十五年，即公元756年，太子李亨从萧关北上，即位灵武，为肃宗。

除了游牧民族进犯与帝王巡游的印记，萧关亦是在边塞诗中露面的常客。"驱马击长剑，行役至萧关。""萧关逢候骑，都护在燕然。""渐见风沙暗，萧关欲到时。"如今峡谷地中的萧关，由于山间林木与水流的铺染，景色不似古时的荒凉，反倒成了春夏时的散心佳处。

固原还有一处重要的佛教古迹，便是初创于北魏、兴盛于北周至唐朝的须弥山石窟。令人惊奇的是，这座位于固原西北、六盘山脉北端的山，竟然是以佛教宇宙结构中著名的神山"须弥山"来命名的：须弥山是梵语"sumeru"的音译，意译过来则是"妙高山"。这是佛教从古印度神话继承的概念，在古印度神话里，众神就居住在这座位于四个世界的中心的神山上。佛法之光借丝绸之路东来，神山之名也就落在固原的土地上。

须弥山石窟

须弥山石窟位于固原市西北55千米处的须弥山东麓，分散开凿在山麓的东南向崖壁上。石窟群自南而北分为8个区，编号洞窟132个，其中造像保存较好的洞窟20余个。北魏造像体态修长，褒衣博带，具有孝文帝改制后的艺术特点。北周石窟尤为重要，造像高大雄伟。唐以后，须弥山不再有开窟造像活动，但西夏、宋、金、明各代仍有规模不等的修缮，其中以明代最为兴盛。不过，除了和许多同类遗迹一样遭到严重的风化与盗凿外，须弥山石窟更是在海原大地震和"文化大革命"时期遭受大规模破坏。20世纪80年代开始，石窟群的损毁现象才得以遏制，并有多次修缮。

萧关

由于唐以前的史籍对萧关缺少记载，因此对于萧关的确切位置，从唐以降有多种看法。唐《元和郡县图志》说在原州（今固原城关）东南30里；唐杜佑《通典》、宋曾公亮《武经总要》认为在瓦亭（今固原东南80多里）；唐张守节《史记正义》说在唐代的陇山关。现主流观点认为萧关应在今固原东南、三关口以北。

铜奔马的故乡

在西汉设立的河西四郡中，武威郡处于最东，唐时又称"凉州"。如今的武威市位于甘肃省东部、河西走廊东端，雷台汉墓出土的铜奔马（又名"马踏飞燕"）是她引以为傲的标志。作为甘肃省的文物与历史遗迹大市，武威汇聚了中原王朝、西夏、西藏等文明的历史见证。

武威文庙位于武威市市中心，是甘肃省最大、保存最完整的孔庙，同全国的孔庙一样，内有棂星门、大成殿等建筑。文庙始建于明朝正统年间，后来屡有扩建，被誉为"陇右学宫之冠"。文庙也是武威博物馆所在地，馆内藏有大量匾额、石刻、书画、佛教造像等，不过在这里展出的铜奔马只是复制品，原品安置在甘肃省博物馆。

武威西夏博物馆就在文庙对面，是国内仅有的两家西夏专题博物馆之一，馆藏武威出土的西夏文物千余件。馆内有稀世珍宝"重修护国寺感应塔碑"，俗称西夏碑。该碑于清朝嘉庆年间被发现，高 2.5 米，一面刻汉字，一面刻西夏文，是现存唯一一块汉字和西夏文并存的石碑，对西夏文研究有着极为重要的意义。

在武威市下辖的天祝藏族自治县有一处自然与人文景观兼得的景区——天祝三峡森林公园。这是甘肃省面积最大的国家级森林公园，保留着原生态的冰川、森林、草原、峡谷等景观，还有一处藏传佛教文化景区深藏于美景之中，这就是收藏有塑像、法器、手抄藏文经典等宗教文化资料的天堂寺。

武威的历史人文景观丰富，饮食文化也可圈可点。武威的名吃有个有趣的名字："三套车"。它由三样东西组成：凉州饧面、腊肉、冰糖红枣茯茶。饧面汤汁要香而不腻，腊肉要汁水丰富、柔韧有嚼劲，冰糖红枣茯茶更是有讲究，据信茯茶熬制要依照祖传秘方，从用料到火候都不能大意，才能熬出一杯颜色红润、甜蜜生津的茯茶。

西夏博物馆

武威文庙

武威市雷台汉墓

地址：武威市雷台东路、北关中路雷台公
　　　园内
交通：武威火车站坐1路至雷台什字站下
门票：50元
文保等级：全国重点文物保护单位
推荐评级：★ ★ ★ ★

当农耕民族遭遇游牧民族，由于生存环境的差异，一开始总是游牧民族更强悍、更有战斗力。当汉人遭遇匈奴，情况也不例外。汉人在体型上不如匈奴剽悍，要与游牧民族争斗，更少不了良马的辅助，这就催生了汉人对马的复杂感情。

也许是因为深知汉军对抗匈奴时的薄弱之处——马成为战场上不可或缺的角色，战马的优劣甚至能左右战局；而相比匈奴的在草原上恣意驰骋的马，汉军的马显得那样脆弱——汉武帝对传说中的"汗血宝马"怀抱着深厚的向往。为了得到宝马，汉武帝不惜派遣名将李广利前往西域，讨伐大宛。李广利这一仗打得非常卖力，最终带回来3000匹良马，汉武帝大喜过望，如获至宝。

有一尊举世闻名的雕塑"铜奔马"，正是在赞美良马的力量与美感。奔马的体型矫健，身躯壮硕而四肢修长，三蹄腾空，一蹄踏一飞禽，飞禽回首惊视。它有一个更加诗意的名字"马踏飞燕"，这是郭沫若的主意。后来又有人提出质疑，马蹄下的那一只飞禽尾部并不分叉，因此应为隼，而非燕。这只飞禽的形体刻画较为简单，奔马踩踏的究竟是燕是隼还是其他，众说纷纭。还是"铜奔马"这一名号较少争议。

铜奔马来自今甘肃省武威市北郊的雷台。

所谓"雷台"，是一座高大的长方形人工夯筑土台，台上有明代建筑"雷祖观"，故名雷台。人们一直没有想到，在雷台之下会有一座汉代的墓葬，直到1969年的无意发现。随着挖掘工作展开，铜奔马现身了，一支庞大的仪仗队伍也同样惊人——车、马、武士，尽由铜铸。如今的雷台汉文化博物馆里，就露天陈列着将这些铜车马武士整体放大6倍后的仪仗阵列。虽然在河西现身，但这些文物所承载的汉文化印记，并不比中原的文物少。河西走廊是在汉军击败匈奴之后才成为汉朝疆土、丝绸之路的一部分的，但在汉人得以在这段 1000 千米的土地上自由通行之后，汉文化也得以随着通路进入河西生长。

马就是雷台汉墓出土文物的主题。河西走廊本来就有不少天然马场，这也是游牧民族对此地念念不忘的原因之一。祁连山北侧的大草原是繁育良马的不二之地，如今甘肃省张掖市的山丹马场，依然保持着亚洲马场二最——历史最悠久，规模最大。那些驻守在河西的将士，为了维护中原王朝的势力、维持丝绸之路的通畅，使之不被游牧民族打断，时常穿行在群山之间、戈壁之中，过着在马背上颠簸的生活，自然也会视马为伙伴。雷台汉墓的随葬品中出现了如此多的马，也是可以理解的。

拥有这些随葬品的汉墓主人，是一位将军和他的妻子。

这位将军究竟是谁，生平如何，我们还不得而知。只知他姓张，驻守张掖郡，生活在东汉晚期。再过不久，就是黄巾起义，中原大乱，统一的中央权力消失，各州太守纷纷自立。随后经过一系列割据战争，魏蜀吴三国鼎立，三分天下，而河西走廊则将成为曹魏的领地。

其实在两汉交替之际，河西就曾有过一段脱离中央权力的时期。当时在河西建起割据政权的，是窦融。

窦融是扶风平陵人（今陕西咸阳西北），出身于当地的一个世家大族，族内世代为官。新朝时，窦融是王莽的波水将军，后王莽兵败身死，窦融投降绿林军扶立的更始帝刘玄，成为张掖属国都尉。

刘玄在长安城的皇位上仅仅坐了2年，便败于刘秀与赤眉军的两面夹击，殒命于赤眉军的刀下。这时的窦融面临着两种选择，要么向进击的军队投降，要么联合起河西各郡的力量，守住河西。窦融遂与酒泉、金城、张掖、武威、敦煌五郡官吏商议，最终决定齐心协力自守。窦融的家族世代治理河西，五郡遂推窦融行使河西五郡大将军事。

公元25年洛阳称帝后，为了消灭各地残余的割据势力，刘秀复又南征北战、马不停蹄，这一场收复战打了12年。这段时间里，在窦氏的保据下，相比攻伐交错的中原地区，河西社会较为安定，避乱而来河西者不绝于途。

不似之后青梅煮酒、存意问鼎天下的曹操，窦融并没有打着以河西为据点、逐步扩张的主意，相反，公元29年，窦融归顺了光武帝刘秀，为凉州牧。之后，窦融还曾写信给割据陇西天水、武都、金城诸郡的隗嚣，规劝他早日降汉。隗嚣不从，窦融便跟随光武帝讨伐隗嚣，屡战屡胜，隗嚣忧愤而死，其子隗纯降汉。

公元 36 年，窦融奉东汉光武帝之命前往京师洛阳，入朝任职大司空。至此，自公元 23 年以来窦氏保据河西的历史结束，五郡重归汉治。得窦融而避战祸，乃河西民众之幸。

两汉之际的河西躲过了兵家纷争。但到了魏晋南北朝，"八王之乱""永嘉之乱"后，西晋崩溃，东晋偏安于江东，整个北中国虚位以待，最终落入胡人的手掌心。在这乱斗乃常事、人命如草芥的年代，河西走廊迎来了五凉政权——张氏前凉，吕氏后凉，鲜卑秃发氏南凉，李氏西凉，卢水胡沮渠氏北凉。

纵然也经历了政权交替，相比板荡的中原，"秦川中，血没腕，惟有凉州倚柱观"，河西竟还算得上一片清净之地，丝绸之路的这一过渡段还在发挥作用。以汉文化为主体、兼收并蓄多种宗教与西域文化的河西"五凉文化"，就在这五个政权的兴衰轮替之间诞生了。

铜奔马

雷台汉墓位于今甘肃省武威市北郊1千米处。地面为一夯筑土台，东西60米，台上建有雷祖观。1969年10月，这座东汉晚期墓葬被农民偶然发现。

墓门向东，墓室由甬道、前室及左右耳室、中室及右耳室、后室组成，面积约60平方米。墓门及墓室墙壁，均以青、黑两色砖组成各种菱形图案，以红、黑线纹作壁饰。前、中、后三室顶均为覆斗式，以红、黄、灰、白等色绘成莲花图案藻井，以墨线勾边。墓道两侧墙壁有用朱红绘成的花卉图案壁画。

此墓曾两次被盗，但还是出土了大量的铜器，其中包括铜奔马。武威市的雷台汉文化博物馆里，还露天陈列着将99件铜车马武士整体放大6倍后的仪仗阵列。

88

武威雷台

武威市鸠摩罗什寺

地址：武威市北大街139号
交通：武威火车站坐1路至文化广场站下
门票：免费
文保等级：省级重点文物保护单位
推荐评级：★★★★

相传始创佛教的乔达摩·悉达多本是古印度贵族，在顿悟人间悲喜万象之后，放弃一切，潜心于自己发现的真理。就在公元4世纪，又有一位古印度贵族效仿悉达多，放弃人间的荣华富贵，将自己交给了佛法：他本来出身印度的婆罗门，在古代印度的种姓制度中，婆罗门乃是最高一级，是社会里的上流人物。他的家族世袭高位，但在遇到佛法之后，他毅然放弃了高位，出家为僧，东渡葱岭（即帕米尔高原），来到了葱岭以东、天山以南、塔里木盆地北缘的西域绿洲国龟兹。他就是鸠摩罗炎。

在好佛的龟兹国，鸠摩罗炎被尊为国师。也许是因为龟兹王过于看重鸠摩罗炎的才能，以为这样的高人应当后继有人，因此逼迫鸠摩罗炎破戒，与龟兹王的妹妹耆婆结婚。于是，公元343年，玄奘之前最重要的译经家、西域高僧鸠摩罗什出生了。

7岁那年，鸠摩罗什随母亲出家，开始学习佛法，先学小乘，后转学大乘。由于天资颖慧，又刻苦研读佛经，22岁时，鸠摩罗什就成了龟兹的名僧，龟兹王为他造起金狮子法座，请他弘扬佛法。之后的20余年里，鸠摩罗什辗转西域各国，使佛法之光照耀所到之处。

鸠摩罗什为大乘佛学的般若中道思想所吸引，长期思索并传授这一思想。多年后，他的来自中原的弟子僧肇，将写出《物不迁论》《不真空论》等表述大乘般若中道思想的名篇。生在西域、长在西域、原本也将安身于西域的他，正是通过丝绸之路，与遥远的中原王朝发生了联系。他先后经历了河西走廊的前秦、后凉、后秦三个政权，一路辗转到凉州（武威），在凉州度过了17年，又得以被后秦政权请入丝绸之路的东方原点——长安，最终在长安去世。

公元357年，前秦苻坚攻克了关中，占据长安，一步步走向功业的巅峰。鸠摩罗什在西域的名声太盛，信奉佛教的苻坚久慕其名，只是始终未得机会。等到公元382年，苻坚决定趁龟兹国白氏王族争位之机，派出大将吕光进击西域，势必拿下龟兹，顺道将仰慕已久的鸠摩罗什法师带回来。这时的苻坚大约没有想到，就在出兵龟兹的第二年，他就将面对80万前秦军惨败于8万东晋军的淝水之战。

公元385年，沿着丝绸之路向西，在西域延请到了鸠摩罗什的吕光班师东返，但这时已经晚了。淝水一战后，前秦崩溃，苻坚也已被建立后秦政权的羌人姚苌杀害。由于吕光征战在外，信息不通，走到河西时才知道一切，索性不再东返，遂在河西就地割据，建立了后凉政权，以凉州为都。

对鸠摩罗什，吕光从一开始便显得不太敬重。《高僧传》记载，吕光曾逼迫鸠摩罗什破戒。既然苻坚已死，鸠摩罗什遂意欲西归，吕光却拒绝了。吕光并不信佛法，将鸠摩罗什拘禁在身旁，却又不给他传授的机会，鸠摩罗什空有满腹学识，只能"蕴其深解，无所宣化"，就这样在凉州滞留了17年。

孤寂的日子一直到公元401年。此时的后秦国主是姚苌的长子姚兴，他攻入后凉，将鸠摩罗什迎接到长安。这一年，鸠摩罗什已经58岁了。在中原，一代高僧终于找回了节奏，开始了译经、讲经的事业。

直到公元 413 年去世，在长安的 13 年里，鸠摩罗什译出了许多佛经，带出了僧肇这样的对大乘思想影响颇深的弟子。玄奘之前的译经家里，鸠摩罗什是最重要的一个，而他首创的许多佛教词汇，在如今人们的日常生活中依然生命力丰沛，如"苦海""心田"，都是由他引入的。

在民间传闻中，鸠摩罗什曾为自己的译文发誓，说如果自己所译的佛经无误，那么等自己被火化后，舌头也不会被焚毁。如今在甘肃省武威市的鸠摩罗什寺，是为纪念鸠摩罗什在凉州的 17 年而建，供奉着他的舌舍利。这所寺院饱经磨难，尤其是在 1927 年的武威地震中损毁严重，而供奉舌舍利的塔却逃过一劫，冥冥之中暗合了民间因敬仰这位高僧而产生的美好愿望。

武威鸠摩罗什寺

鸠摩罗什寺位于今甘肃省武威市市中心，已有1600年历史。公元413年，鸠摩罗什在长安逍遥园圆寂，荼毗后奉其生前遗愿，由此寺修塔供养舌舍利，即现今寺内的鸠摩罗什舌舍利塔。

1927年，鸠摩罗什寺毁于武威的大地震，舌舍利塔当时也被震塌了多半，于1934年重修。现塔为八角十二层空心塔，高约32米，四周用砖砌花栏为墙，顶层东设小龛，其内供有佛一尊。

鸠摩罗什舌舍利塔

武威市天梯山石窟

地址：武威市黄羊镇灯山村
交通：坐出租车或自驾前往
门票：30 元
文保等级：全国重点文物保护单位
推荐评级：★★★★★

久经沙场的北凉国主、卢水胡人沮渠蒙逊，也许在无情的战场上都未曾落泪，却面对一尊佛教造像泪流满面——这样传奇的故事就发生在天梯山石窟。当时正是沮渠蒙逊决心灭佛的前夜，情势已经十分紧张，在原本崇佛的北凉，佛教前途未卜。就在这当口，在天梯山石窟，有将士入寺礼拜，却看见一尊造像涕泪横流，将士惊讶，连忙让国主蒙逊过来看。蒙逊刚到寺门，就全身战栗，要由属下扶着他才能进去。进去后见到造像泪下若泉，当即稽首礼谢，深深自责。冰冷的心复苏了，他召集诸僧，让他们恢复本业。

沮渠蒙逊为何决心灭佛？这尊造像又有什么特殊的含义？这还得从蒙逊的性格说起。

所谓"卢水胡人"，是指生活在临松（今甘肃张掖市南）卢水地方的匈奴分支。沮渠氏世代为这一支匈奴的首领，蒙逊在年轻时便博览史书，熟知权略，爱好天文。后凉吕光当政时，蒙逊与伯父罗仇、麹粥一同辅政，岂料吕光心怀忌恨，于公元397年杀害罗仇、麹粥。蒙逊怒而反叛，与兄长男成起兵推举后凉的建康太守段业为大都督、凉州牧、建康公，占据河西走廊的西段，从后凉分裂了出去。公元401年，因为段业冤杀男成，蒙逊又杀段业，自立为大都督、大将军、凉州牧、张掖公，后改称凉王，创建北凉，定都张掖。

沮渠蒙逊反叛吕光，是因为伯父被杀；杀段业而自立，是因为兄长冤死；后来又遣人暗杀意欲离开他的高僧昙无谶，则是出于怨恨。由是观之，沮渠蒙逊虽然懂谋略知权术，但个性暴躁易怒，时常感情用事。对待佛教，亦是如此。

沮渠蒙逊下令开凿的天梯山石窟，就位于今天的甘肃省武威市东南约45千米处的天梯山南麓。如果说洛阳的白马寺是第一座由中原王朝设立的官方寺院，那么天梯山石窟就是第一个由一国之主下令开凿的佛教石窟。而根据《法苑珠林》的记载，沮渠蒙逊凿石窟的初衷，是"为母造丈六石像"。蒙逊的母亲车氏来自西域的龟兹国，龟兹的佛教传统深厚，同样也浸润了车氏的心灵。车氏对佛教的崇信影响了蒙逊，而车氏因病殒命的结局也让蒙逊内心悲痛，由此生出开凿石窟的念头。开凿石窟的负责人，很可能就是国师一般的昙无谶。

然而，公元 429 年，蒙逊派遣世子兴国攻枹罕，不胜反败，兴国也战死沙场。蒙逊的感情再次压倒了理智，毫不顾及凉州佛教的兴盛之势，只觉得自己如此虔诚信仰佛祖，爱子却照样身死无归。愤恨主宰了蒙逊，他下令毁塔寺，斥逐僧人。后来他行至阳述山，诸僧在路边等他，他一望见僧人就发怒，立斩数僧，沙门危在旦夕。直到蒙逊在天梯山石窟为母亲造的像显了灵，才阻止了一场大法难。蒙逊死后，沮渠牧犍继承父业，继续开凿石窟，宣扬佛法。

沮渠蒙逊死后仅 6 年，拓跋焘就灭了北凉，夺取凉州。一个月后拓跋焘班师东归，3 万余户凉州吏民被一并裹挟到了山西平城，包括曾跟随昙无谶开凿天梯山石窟的几乎全部凉州僧人，如精通于佛教建筑设计的昙曜。北魏统治者开凿的山西云冈石窟和洛阳龙门石窟，正是归功于昙曜的主持。丝绸之路过渡段上的宗教艺术形式，影响了丝绸之路的起始段——中原。

天梯山石窟外景

天梯山石窟

　　天梯山石窟位于今甘肃省武威市东南约 45 千米处的天梯山南麓。始于北凉，历经北朝、隋、唐、宋、西夏、元、明各代重建和修缮。

　　1927 年武威大地震，不仅破坏了鸠摩罗什寺，也毁掉了天梯山的 10 处洞窟。1958 年，为了修建黄羊河水库，天梯山石窟中的大部分造像、壁画、文书、绢画等都被转移至甘肃省博物馆和敦煌文物研究所，在转移文物的过程中也造成了破坏。

天梯山石窟大佛

如今前往天梯山石窟，尚可以看到第13窟的7身依山而造的石胎泥塑造像和壁画，由于体量太大，无法搬迁，只能原地保存。这7身造像分别是佛祖、两位弟子迦叶和阿难、文殊菩萨和普贤菩萨，以及两位天王。佛像高20余米，诞生于盛唐，而窟顶和两壁还残存了一些佛本生故事的壁画。所谓佛本生故事，就是古印度小乘佛教的巴利文寓言故事集，在这些故事里，常把佛祖的前身描绘成某个人或某种动物，以宣扬教义。

考古学家宿白先生曾经提出过佛教石窟的"凉州模式"——"我国新疆以东现存最早的佛教石窟模式"。而这一模式的典型代表，就是天梯山石窟。虽然莫高窟的开凿时间更早，但马蹄寺、榆林窟等石窟模仿的都是天梯山石窟。

101

甘州丹霞

　　张掖郡为西汉河西四郡中自东向西的第二郡，唐时又称"甘州"。如今的张掖市位于甘肃省西北部，西接酒泉、嘉峪关，东邻武威。

　　正如铜奔马是武威的标志，丹霞地貌则是张掖的名片。丹霞地貌在西北并不算常见，却在张掖爆发，气势磅礴。张掖丹霞国家地质公园距离临泽县城 30 千米左右。景区内山体连绵起伏，岩石呈现出深浅不一的黄褐色、鲜红色、红褐色、赭色等颜色，不同色彩层层叠叠，自然仿佛是伟大的画家，在此处尽情泼洒颜料，无论多少层都不觉得满足。这里是电影《三枪拍案惊奇》、电视剧《神探狄仁杰》等的取景地，也是摄影爱好者趋之若鹜的胜地。若你到达景区之时正是雨过天晴，那就尽情享受这份运气吧，因为这正是张掖丹霞色彩最鲜明夺目的时刻。

　　自然景观无可挑剔，张掖也不乏历史人文风貌。张掖鼓楼位于市中心，形制模仿西安钟楼，亦称镇远楼。鼓楼始建于明朝正德年间，清朝康熙年间重建，高 28 米，为甘肃省内最大。楼上有唐朝铜钟一口，是珍贵文物。不过鼓楼平时不对游人开放，只可远观，周围都是热闹地段。

内蒙古有一处名胜"黑水城"，张掖则有黑水国遗址。遗址位于市区西北 12 千米的荒凉之地，遗址内有汉代古墓群。相传西汉匈奴控制此地，划为小月氏国都，此后一直有军队在此驻守，直到明朝被废弃。

张掖的特色美食名字也很有趣："搓鱼子"。这其实是一种面食，面被搓成短短的小条，中间粗、两头细，非常像小银鱼，故名为"搓鱼"。地道的搓鱼子口感柔韧多汁，一大盘吃下去都不会觉得腻。

张掖丹霞国家地址公园

黑水国遗址

张掖市焉支山森林公园

地址：张掖市山丹县城东南45千米处
交通：坐出租车或自驾前往，或在山丹来
　　　坐去焉支山的旅游客车
门票：45元
推荐评级：★★★★

　　霍去病是卫青、卫子夫的姐姐卫少儿的孩子。本来不过是一个衙役的私生子，不料姨母卫子夫获得了汉武帝欢心，霍去病也就成了汉武帝的外甥。他才华早露，年少气傲，在抱定了"匈奴未灭，无以家为"的决心后，他的第一次出战就大快人心，让汉武帝赞叹不绝，封他为勇冠三军的"冠军侯"——公元前123年的漠南之战中，未满18岁的霍去病主动请缨，以骠姚校尉的身份随军出征。他只领有骑兵八百，却凭借"长途奔袭"战术，杀敌2000余人，其中包括匈奴单于祖父，而单于的国相与叔叔也被俘虏。

公元前121年的河西之战，更是霍去病施展军事才华的机会。这一次，霍去病被任命为骠骑将军，独自率领精兵一万出征匈奴。在公孙敖的策应部队在沙漠中迷路、李广的部队则被匈奴左贤王包围，得不到助攻的情况下，霍去病直面劲敌，孤军深入，血战匈奴，在祁连山斩敌3万余人，俘虏匈奴王爷5人以及匈奴大小阏氏（即王后）、匈奴王子59人，相国、将军、当户、都尉共计63人。匈奴被赶到焉支山以北，"亡我祁连山""失我焉支山"的歌谣，所铭记的正是这场战争。

河西之战，匈奴惨败，单于怨愤，一再败阵的匈奴王爷难逃重罚。消息走漏后，浑邪王和休屠王便想要投降汉朝，其间休屠王动摇不定，被浑邪王斩杀。汉武帝不知这投降是否真心诚意，遂派霍去病前去受降。果不其然，当霍去病率部渡过黄河的时候，匈奴降部哗变。霍去病既不惧惮孤军作战，亦不会被哗变吓退。他竟只带数名亲兵冲进了匈奴营中，直面浑邪王，下令他诛杀哗变士卒。霍去病的气势不但镇住了浑邪王，也镇住了4万多名匈奴人，浑邪王最终投降。这一年霍去病才19岁。

公元前119年，决战的时刻到来了。卫青、霍去病各率5万精骑深入漠北，是为漠北之战。此战之后匈奴北徙，大漠以南再无王庭，霍去病封狼居胥，即在狼居胥山上积土为坛祭天，庆祝战争胜利，登上了人生的顶点。仅仅两年之后，霍去病就因病去世了。

"封狼居胥"的少年豪情成为后世赤子的梦想，霍去病付诸沙场的心血，也为之后河西走廊的奇异画卷备好了颜料：只有等到匈奴势力全面退出河西之后，由张骞开辟的向西发展的可能性，才会变成脚下切实的道路。没有河西走廊的通途，就没有之后丝绸之路的绵延，河西大地上很可能不会出现令人叹为观止的丹青奇景了。

古代称"河"者，通常为黄河，所谓"河西"，便是黄河以西。这是一段1000千米的平川，东起兰州的门户乌鞘岭，阻断西域涌来的寒潮与腾格里飞来的黄沙；西至如今的甘肃、新疆两省（自治区）交界处；南为青藏高原北缘的祁连山，古匈奴语中的"祁连"意味苍天，祁连山便是匈奴人眼中的"天山"；北有戈壁滩与内蒙古高原南缘的北山，即龙首山、合黎山、马鬃山。在青藏高原、蒙古高原、黄土高原、塔里木盆地的包围之中，祁连山的积雪融水是天赐的礼物。

看不尽的河西山水中，位于张掖市山丹县城南50千米处的焉支山保留着独特的浪漫气息。"焉支山"即"胭脂山"，一说山中某种花可作胭脂原料，一说山石红似胭脂，都意味着女性的艳丽动人。游牧民族以牧场为重中之重，焉支山下水草丰美，正是匈奴的乐土。无怪乎在痛失焉支山后，匈奴会传唱悲伤的歌谣："亡我祁连山，使我六畜不蕃息。失我焉支山，使我妇女无颜色。"

焉支山是兵家争夺的重心。它横卧在河西走廊的中段，绵延约 70 千米。南与祁连山相望，其间有辽阔的大草滩，是丝绸之路的重要通道。向北则面对北山之一合黎山，中间只有一条不宽的通道，千百年来，这条通道控制着河西走廊的北路。很显然，要从关中的土地出发前往西域，祁连山北的河西走廊是最佳的选择。而要让河西走廊纳入中原掌中，必得先驱逐占据着走廊的游牧民族。要驱逐游牧民族，必得控制焉支山。在汉朝与匈奴的对抗中，焉支山自然成了一个焦点。匈奴本就尚武善战，若再有其他民族在旁辅助，势必更难对付。隔断蒙古草原上的匈奴与青藏高原上的羌人的联系，这就是"断匈奴右臂"的战略。在汉武帝急求将才之时，霍去病的出现让这一战略成了现实。

霍去病收河西之后将近八百年，公元 609 年，焉支山迎来了一位皇帝——隋炀帝杨广。隋炀帝临此山，是为了举行一次规模空前的聚会。滥用民力，暴虐无道，这可能就是隋炀帝常见的形象。然而也可以认为，隋炀帝是个与汉武帝一样胸怀大志的君主，对于自己的雄心，也是行动力十足。在魏晋南北朝的长期动乱之后，由于各个政权的分裂割据，原本通畅的丝绸之路受到很大影响，断断续续，秩序不存，这引起了隋炀帝的注意。

他首先派出裴矩前往河西，在张掖主管西域互市，考察现状。裴矩给他带回今已散佚的《西域图记》，隋炀帝大喜，遂进行了第一次西巡。而这一次焉支山脚下的聚会，是隋炀帝第二次西巡的事情。就在不久前，隋炀帝达成了此次西巡的最重要的目的：打击在青海、河西一带活动的吐谷浑。魏晋南北朝的中原遍地灾乱，强有力的中央权力久久缺席，将侵扰中原王朝故地的机会放在众多游牧民族面前，而鲜卑族的分支吐谷浑就是其中之一。隋炀帝和汉武帝一样容不下这等挑衅。面对割据时代遗留的棘手局面，隋炀帝决意听从裴矩的建议，大举进攻吐谷浑，而裴矩则说动了另一支游牧民族高车（北朝人称之为高车，南朝人称之为丁零，漠北人则称之为敕勒）提供助攻。

经过一年的战斗，吐谷浑败北。东西4000里、南北2000里的吐谷浑故地，东起青海湖东岸，西至塔里木盆地，北起库鲁克塔格山脉，南至昆仑山脉，皆为隋朝所有。隋炀帝随后在新得手的土地上设置了西海（今青海湖西）、河源（今青海兴海东南）、鄯善（今新疆若羌）、且末（今新疆且末南）四郡。在焉支山举办一次召集西域各国首领、使者的大会，颇有一些庆功会的意思。参加这场大会的，有27个国家的首领与使者，其中包括高昌国国王麴伯雅与世子麴文泰。这场会见对麴氏父子的影响有多深远，之后我们可以在高昌国的历史中看到。

张掖焉支山

山丹军马场

焉支山山势险要，绵延于南面的祁连山与北面的龙首山之间。1993年，甘肃省林业厅批准成立焉支山森林公园，这片古老的自然景观就此成为现代都市人观光休闲的天然氧吧。在森林公园内，古树与野花相映，祁连山雪水汇成小溪潺潺。

在焉支山脚下，则是著名的山丹军马场。广阔的草场上骏马奔驰，似有当年匈奴于焉支山下牧马的旧影。

张掖市马蹄寺石窟

地址：张掖市南南裕固族自治县马蹄乡
交通：坐出租车或自驾前往，或在汽车南
　　　站乘坐去往马蹄寺的旅游专线车
门票：通票73元；金塔寺特窟200元，需提
　　　前预约
文保等级：全国重点文物保护单位
推荐评级：★★★★

　　山谷里十分安静，但老人的内心并不平静。这次故地重游，诸多往事涌上心头，无论是授业恩师在剧烈的悲伤中惨然离世，还是自己年少时在这片山谷、这个石窟里吟诵过的儒家经典，或喜或悲，尽在眼前。他已经年迈到抵抗不了思乡之情了，纵然被数位统治者尊为国师，此时，也不如在这个安静又亲切的地方走完人生最后一段。他就是五凉时期生活在河西地区

的儒家学者刘昞。

"刘石纷乱之时，中原之地悉为战区，独河西一隅自前凉张氏以后尚称治安，故其本土世家之学术既可以保存，外来避乱之儒英亦得就之传授。"这是陈寅恪先生在《隋唐制度渊源略论稿》中的观点。河西偏居西北，中原战火暂且烧不到这么远。西晋崩溃后，中原士子或随晋室东逃，或向西遁入河西走廊，河西成为与晋室所在的江东并列的文化中心。

凉州刺史张轨建立前凉，原后凉敦煌太守李暠建立西凉，五凉政权中只有这两个汉人政权。后凉的建立者吕光是氐族贵族，南凉的建立者是鲜卑秃发乌孤，北凉的建立者是匈奴的分支卢水胡的沮渠蒙逊。为了招徕士人参与治理，无论是不是汉人政权，五凉统治者都提倡儒学，重视经史。若非如此，就不会给本土世家、外来儒英留下生存、治学、授业的空间，保留儒学的文脉，后来的中国历史也许就会走上另一条道路。敦煌人郭瑀，便是在河西治学授业的儒士之一。不过他大约不会料到，自己当年在临松薤谷凿出的石窟，会成为今天供众人游览的佛教遗址。

在今甘肃省张掖市有一座马蹄山，明清以来，这一带从北魏开始逐渐修建、开凿出来的佛教遗址被通称为马蹄寺石窟，包括北寺、南寺、金塔寺、千佛洞、上中下观音洞等，颇具规模。根据清乾隆年间的《甘州府志》记载，这座马蹄山故称临松山，传说有天马下界，在今马蹄寺的青石板上留下两个蹄印，才因此改名。马蹄山谷就是郭瑀曾隐居、讲学的临松薤谷，而山下的马蹄寺石窟，第一凿正是出自郭瑀之手，后人加以扩充，放进佛像。

当年从故乡敦煌东行至张掖的郭瑀还是个年轻人，此行只为拜师，以探儒学精微。他的老师，便是隐居在张掖东山的郭荷。郭荷是略阳人（今甘肃秦安东北），"明究典籍，特善史书"，被前凉统治者张茂看中。为了让郭荷出山，张茂不惜施加逼迫，让郭荷陪太子读书。郭荷心中郁闷，辞官回到东山，去世后被前凉谥为"玄德先生"。恩师病故，郭瑀心中悲痛，为郭荷守丧三年。这是为父母守丧的年数，孔子去世后，学生感念孔子的教导，用为父母守丧的礼度为孔子守丧。可见郭瑀对郭荷，亦是视之为父。三年之后，郭瑀继承师业，在临松薤谷开凿石窟，"凿石窟而居，服柏实以轻身"，于石窟中著书立说，《春秋墨说》《孝经综纬》都出自郭瑀笔下。此外还开馆讲学，来者甚众，"时瑀弟子五百余人，通经业者八十余人"。在慕名而来的年轻人中，郭瑀还找到了一位称意的女婿，这便是日后吸引了西凉李暠、北凉沮渠蒙逊的硕儒刘昞。

郭瑀的名声吸引了统治者的注意，他的结局也暗合了老师郭荷的结局，只是郭瑀弃世更为决绝。

先是前凉末代王张天锡听闻郭瑀之名，派出使者孟公明，持谕前往临松山，请郭瑀出山为官。张天锡在信中写道："天子僻陋江东，名教沦于左衽，创毒之甚，开辟未闻。""左衽"指代的便是胡人，因为中原人的衣服前襟是向右掩的，故为"右衽"，而胡人的衣服前襟则是向左掩的。戎狄纷纷乱华、东晋偏安江东，令张天锡痛心，急求郭瑀这样的大仁大智帮助自己拯救苍生。

孟公明带着这封信到了郭瑀隐居的山中，岂料郭瑀指着天上飞翔的鸿鸟，让他看："此鸟也，安可笼哉！"孟公明不甘心，拘禁了郭瑀的门人，郭瑀叹道：我是在逃禄而非避罪，岂得隐居行义，害及门人。乃出而就征。等他到了前凉的姑臧城（在今武威市）时，恰好张天锡的母亲去世，郭瑀便回到南山。等到张天锡为氐族建立的前秦所灭，苻坚又遣使者至南山，请郭瑀出山定礼仪。这时恰逢郭瑀为父亲守丧，没有成行。前秦太守辛章遂派遣书生三百人，前往郭瑀门下受业。直到公元 376 年，苻氏前秦已走到了穷途末路，略阳王穆起兵于酒泉，同样遣使来请郭瑀。这回，郭瑀终于有所触动，乃与敦煌索嘏起兵五千，运粟三万石，东应王穆。王穆便以郭瑀为太府左长史、军师将军。

虽然得到了高位，居于元佐，郭瑀向往的还是传说中尧治天下时，抛弃诸侯身份而隐居耕种的伯成子高。也许是在临松薤谷隐居了太久，老师郭荷的悲剧又影响太深，郭瑀虽然出于一种义务感而出山，但并不想涉入政治太深。郭瑀的隐忧成真了。王穆为谗言所惑，西伐索嘏。郭瑀极力劝谏，王穆还是一意孤行，索嘏最终抱屈身死。此事让郭瑀备受打击。他离开了酒泉，出城的时候号啕大哭，举手谢城，说"吾不复见汝矣！"之后，郭瑀将脸盖住，不再与人说话，绝食七天，旦夕祈死，最终在酒泉南山赤崖阁饮气而卒。

相比郭荷、郭瑀，刘昞的后半生则要顺利得多。出山之前，刘昞不应州郡之命，弟子受业者五百余人。直到建立西凉的李暠私下延请，这才出山，做上了西凉的儒林祭酒、从事中郎。李暠出身于敦煌望族，好尚文典。若是有书页脱落了，他还会亲自修补。李暠补书时，刘昞恰好就在身旁随侍，上前请求为李暠补书，却被李暠婉拒了。李暠不仅看重典籍，也珍视才人。对于刘昞，李暠是抱着"吾与卿相值，何异孔明之会玄德"的态度，如刘备对待诸葛亮一般对待刘昞。得遇李暠，乃是刘昞的幸运。

后来，刘昞迁抚夷护军，虽有政务，手不释卷。李暠得知后，劝他白日用功也就算了，夜晚还是应当休息，刘昞却回道：孔子是圣人，都说"朝闻道，夕死可矣""不知老之将至"，更何况我这种人。在这时刻不忘求道的紧张感与沉浸感中，刘昞完成了大量的著作：《略记》一百三十篇、八十四卷，《凉书》十卷，《敦煌实录》二十卷，《方言》三卷，《靖恭堂铭》一卷，另注《周易》《韩子》《人物志》《黄石公三略》。

公元 420 年，北凉的沮渠蒙逊攻入西凉的据点酒泉。蒙逊也在四处求才，遂拜刘昞为秘书郎，专管注记，还在西苑专为刘昞建起了一座"陆沉观"，来往都尽礼度。此时的刘昞号为"玄处先生"，学徒数百，每个月都能获得北凉王族赐给的羊酒。沮渠蒙逊之子沮渠牧犍即位后，尊刘昞为国师，亲自致拜，命令下属都得拜刘昞为师。

后来，北魏世祖、太武皇帝拓跋焘平凉州。拓跋焘夙闻刘昞之名，拜之为乐平王从事中郎。在世祖的命令下，凉州士民东迁，不过年岁超过 70 的老人可以不迁，还可留下一子扶养老人。此时身在姑臧城的刘昞已经十分年老了。一年之后，他便因思乡而返，回到了凉州西 400 里的临松薤谷——当年他与同门一起受业于郭瑀的地方。出山几十年，最终回到了一切初始的那个石窟，想必此时刘昞的心中，还会泛起对恩师与同门的怀想。之后，刘昞遇疾而卒。

郭荷、郭瑀、刘昞师徒三代，折射出五凉时期河西儒士的侧影。这些儒士可能像郭荷与郭瑀，失望于参政辅政，郁郁而终或弃绝人间。也可能像刘昞那样，有幸得遇识重，仕途之路顺畅，一生圆满。然而，不论是在治国平天下的理想上如愿以偿还是抱憾而终，这些儒士梳爬经典，整理故说，收徒授业，都对儒学的保存与发扬做出了极大的贡献。

马蹄寺石窟外观

马蹄寺石窟

　　马蹄寺石窟在今隶属于甘肃省张掖市的肃南裕固族自治县祁连山境内，南距张掖市62千米。窟群包括金塔寺、千佛洞、上观音洞、中观音洞、下观音洞、南寺、北寺七部分。每个石窟有1至10余龛不等，窟前建有寺院，远望如楼阁。现存的窟龛、壁画、造像，时代多为唐以后，其中北寺、金塔寺保存较好。

　　根据《甘州府志》记载，这一石窟群的开凿并非出于佛教目的，而是因为一个隐居于此的儒士郭瑀。佛教徒利用儒士留下的石窟，加以扩建，经年累月逐渐形成如今的佛教石窟格局。儒学来自丝绸之路的起始段——中原，佛教则是沿丝绸之路东来，两者在此地相会，共同塑造了石窟群的形态与其多层次的人文底蕴。这一石窟群是河西地区，乃至丝绸之路上不同文化融合的实物证据。

张掖市大佛寺

地址：张掖市甘州区大佛寺巷
交通：张掖火车站坐1路至邮政储蓄银行站下
门票：41元
文保等级：全国重点文物保护单位
推荐评级：★★★★

公元1098年的一天晚上，西夏国师思能在甘州的一座寺院内敛神静居时，突然听到异样的声音，起身循声到一个崇丘边上。所谓"崇丘"，就是大土堆，是庙宇基台遗址，五凉时期河西的庙宇均建在崇丘之上，算是地方特色。思能发觉声音似乎是从地下传来的，于是掘地尺余，结果发现了"古涅槃佛像"。

这所寺院，就是如今甘肃省张掖市的大佛寺。它一开始并不叫"大佛寺"，西晋时，新建成的这所寺院名叫"迦叶如来寺"，与北凉国主沮渠蒙逊密切相关。

叛吕光、杀段业、建北凉，大权独揽后，蒙逊野心愈发膨胀，剑指南凉与西凉。公元421年，蒙逊亲自领兵攻打敦煌，李暠建立的西凉偏居河西最西处，本就实力弱小，经不住蒙逊的打击，就此灭亡。到此时，河西全境已俱为沮渠氏所有，西域诸国皆臣伏于蒙逊。

迦叶如来寺，正是北凉最初的国都张掖的中心寺院，蒙逊延揽了道龚、法众、僧伽陀等一批高僧在此处译经。公元411年，一位印度高僧也被僧人法进延请至迦叶如来寺，他就是昙无谶。

昙无谶来自天竺，家境平平，父亲早逝，少年出家。一开始，昙无谶信仰的是小乘，而在与《涅槃经》相遇之后，自觉惭愧，改学大乘。昙无谶的才华不仅吸引了佛寺中人，而且还获得了国王的赏识，只是之后因事获罪，惧怕惩罚，这才带着《大般涅槃经》前分十二卷和《菩萨戒经》踏上丝绸之路，东渡葱岭，奔向西域。之后，昙无谶又沿着丝绸之路，从西域辗转来到敦煌，停留数年后，北凉发现了他。

昙无谶一到迦叶如来寺开坛讲经，便有蜂拥而来的听众。这样的盛况就发生在国都，自然瞒不过沮渠蒙逊，立刻"呼与相见，接待甚厚"。而昙无谶此时大约也不会想到，自己会像鸠摩罗什一样，与称王称霸之人纠缠不清，甚至最终因此殒命。

沮渠蒙逊待昙无谶如待国师。他很快就邀请昙无谶加入那一批自己延揽的僧人团队中，一起为他翻译佛经。昙无谶此刻还不甚熟悉汉文，没有立即答应，而是在学了三年语言之后才开始动笔。这期间，北凉已经将都城从张掖迁至姑臧城，即武威。昙无谶、法进等僧人自然也跟着到了姑臧。迦叶如来寺见证了昙无谶初到北凉的时光，也送他走上了未知的旅程。

公元414年初，昙无谶开始翻译《大般涅槃经》，这一译就是8年时间。《大般涅槃经》40卷所引起的轰动，对得起昙无谶这8年的心血，涅槃宗由此广为流传，兴盛一时，昙无谶也就成为中国涅槃宗的创始人。根据《高僧传》的记载，直到5世纪中叶，佛界尽是"善涅槃""唱涅槃"的僧人。虽然昙无谶早早离开了迦叶如来寺，但在这里出土的涅槃佛像却在告诉世人，昙无谶的智性之光依然照耀在这所寺院——寺僧立此佛像，一方面显示出涅槃学的影响之广，另一方面也很有可能是在纪念曾在此短暂停留的昙无谶。

昙无谶死于公元433年，年仅49岁。他并不是患上了不治之症，也不是遭遇了飞来横祸，恰恰相反，他是被视他为国宝的沮渠蒙逊派出的刺客杀害的。

起因是昙无谶声名太盛，甚至吸引了北魏太武帝。《高僧传》中记载，公元433年，北魏太武帝拓跋焘执意延请昙无谶到北魏传法宣化。这对沮渠蒙逊而言，是个两难的选择。

就在 4 年前，拓跋焘于漠北大败游牧民族柔然，而柔然则是一度控制了不少西域绿洲国的强大民族。北魏的实力不容小觑，沮渠蒙逊识得时务，已于公元 430 年遣使北魏，向北魏称臣。这回太武帝索要昙无谶，沮渠蒙逊既舍不得放走昙无谶，又不敢违背拓跋焘的意愿，难以决断。此时昙无谶已有了不祥的预感，遂以寻找佛经为借口，坚决请求蒙逊放其西行。蒙逊本就百般烦恼，这个请求彻底激怒了他，竟然生出了"遣刺客于路害之"的念头。一代宗师昙无谶，就这样在路上暴死。

也是在公元 433 年，失去昙无谶后不久，66 岁的沮渠蒙逊也因病去世。仅仅 6 年后，北魏将攻城略地之手伸向了姑臧城，随后又伸向了张掖。北凉就此灭亡，以沮渠无讳、安周兄弟为首的北凉残余势力西逃至西域。

然而，北凉王沮渠蒙逊的喜怒哀乐将长久留存在文人墨客的笔下。在他的身上，也许可以看到由丝绸之路哺育的"五凉文化"的一个微观的横断面：作为一个匈奴人，他接受了汉文化，起用儒生，统治着早已被汉文化浸濡的土地；又领受了来自西方的宗教的魅力，迷恋于高僧的智性之光。游牧民族的元素，汉的元素，西域的元素，在他身上微妙地融合了——这也正是五凉文化的迷人之处。

　　思能所发现的涅槃佛像，很可能是在北魏太武帝下令焚毁佛像时，被寺僧秘藏于本寺地下的。600余年后，这尊佛像重见天日，思能颇受触动，遂扩建了这所寺院。元、明、清三朝，又进行过几次修缮与扩建，根据《元史》的记载，忽必烈的母亲别吉太后的遗体就被埋葬在这里。现在能看到的大佛寺，已经是经过几朝改造的模样了。

张掖大佛寺外观

张掖大佛寺

　　大佛寺位于今甘肃省张掖市西南。原名迦叶如来寺，今寺创建于西夏永安元年，即1098年。元代称十字寺。明永乐九年，即1411年重建，敕名宝觉寺。康熙年间敕改宏仁寺，雍正年间重修。

　　现存大佛殿、藏经殿、金刚宝座塔。大佛殿为乾隆年间重建，坐东向西，平面呈长方形。殿高约20米，南北宽约38米，东西长约24米。卧佛身长约34米，肩宽7.5米，脚长4米，木胎泥塑，金装彩绘，是现存全国最大的卧佛。1966年，于卧佛腹内发现石碑、铜佛、铜镜、铜壶、佛经及铅牌一面。

　　殿后为藏经阁，有明英宗颁赐佛藏一部，计3584卷，另有明正统经书600卷。

金塔胡杨林

酒泉的休憩处

西汉河西四郡中，酒泉郡是自东向西的第三郡，唐时又被称为"肃州"。如今的酒泉市位于甘肃省西北部，为甘肃省面积最大的城市，是工业大市与非常重要的航空航天基地。不过尴尬的是，酒泉的旅游资源并不和她的面积与地位相匹配。如果将酒泉市所管辖的县级市与县也算进来的话，旅游资源主要集中在敦煌市与瓜州县。

不过在这座工业城市及其周边还是有值得一看的景观，让人觉得快节奏的发展并没有完全吞没酒泉人的休憩处。位于酒泉市中心的酒泉钟鼓楼开有东西南北四个方向的门，分别题有"东迎华岳""西达伊吾""南望祁连""北通沙漠"，是酒泉地理位置的精准概括。墙体稍有斑驳，显出古意。附近就有汉唐美食街，酒足饭饱之后可以前去稍作参观，反之亦可。

位于金塔县县城以西的金塔胡杨林是"三北防护林"体系的一部分，总面积将近8万亩。胡杨林自然是主角，但胡杨林周边还分布着大量的沙枣树、白杨树和红柳等西北树种，种类丰富，使这片巨大的绿地不至于显得单调。林区的核心景观是金波湖，秋日层林尽染，倒映在清澈湖水中，纯净优美。

酒泉钟鼓楼

酒泉公园

地址：酒泉市肃州区公园路100号
交通：酒泉南站坐25路至文化广场站下，换1
　　　路至西汉胜迹站下
门票：免费
推荐评级：★★★

霍去病河西大胜，消息传到都城长安后，汉武帝大喜过望，专遣使者从长安送去十坛御酒。将士们远离家乡从军已久，心神疲惫，见到来自中原的美酒，无不欣喜万分。

然而，将士众多，美酒却有限。将士们忠心耿耿地跟随自己西征这么久，霍去病不愿亏待他们，一条妙计生上心头：他将御酒倒下，酒入泉水，将士们得以一同畅饮"泉酒"。这段佳话传开，从此"金泉"

便改名为"酒泉"。

在今甘肃省酒泉市东面的酒泉公园里，立有一通清朝宣统辛亥三月的石碑，其上刻有"西汉酒泉胜迹"。《西河旧事》中记载：古代有一人在泉边饮水时，发现水中有金光，循着金光找到了金子，故"酒泉"又名"金泉"。《汉书·地理志》中记载"其水若酒，故曰酒泉"。而在民间口口相传的故事里，还是骠骑将军霍去病的版本更受人欢迎，这也许是百姓表达对这位稀世才俊的敬重之情的方式吧。

漠北之战后，匈奴势力全面退出，汉武帝却并不敢在新据有的土地上贸然行动。近 10 年间，河西地区虚位以待，因为汉武帝还在等待西赴乌孙的张骞归来。

各民族之间的争夺战，在河西走廊应属常态。夏商以来，河西为戎、羌等民族部落的聚居地；西周时期，西戎占了上风；春秋战国时期，月氏与乌孙分别居于河西走廊的东西两端，月氏居东，乌孙居西，二者之间大致隔了从张掖至酒泉之间的土地。月氏和乌孙纠纷不断，最终兵戎相见。约公元前 180 年，月氏攻杀了乌孙王难兜靡，"夺其地，人民亡走匈奴"，河西走廊全境归月氏所有。大部分乌孙人都归附匈奴，一部分逃到伊犁河流域建立了乌孙国。

不过，对于月氏人而言好景不长，北方彪悍的匈奴纷纷南下，月氏不敌匈奴，月氏王的头骨还被做成了酒器。这就是汉武帝当年获知的情报，也是张骞之前第一次出西域的动机。

张骞这一次出使，是为了探探乌孙的口风。汉武帝很可能正在期待乌孙东归河西故地，以绝匈奴之患。公元前115年，张骞还汉，并带来了报谢汉朝的乌孙使者，不过使者表明了态度：不归河西故地。紧接着，张骞派遣的前赴大夏等国副使也都陆续回来了，随行的还有出使国派遣的来汉使者，纷纷传达了建立联系的愿望。眼见情况如此，汉武帝这才下定决心开发河西，开通西域。也就是在这一时期，著名的"河西四郡"登上舞台——自东向西依次是武威、张掖、酒泉、敦煌，成为汉朝经营西域的据点。

四座连成一线的郡城，既是一条通路，也是一道紧锁走廊的铁链，正如汉武帝期望的那样，成为汉朝伸向西方的铁臂，紧紧攥住西域。而在敦煌以西约80千米，有一南一北的阳关、玉门关，分扼天山南北的两条通路。有了这样的基础，公元前60年，汉朝才得以设立西域都护府，统辖如今的新疆地区与部分中亚地区，经营丝绸之路。

当年的河西四郡，现已演变为武威、金昌、张掖、酒泉、嘉峪关五个城市。

酒泉公园

酒泉公园又称泉湖公园，位于酒泉市东2千米处。公园的核心景观，当为传说中霍去病倾倒御酒的"酒泉"，这眼泉的历史超过2000年，至今依然水汽蒸腾，就算在冬天也不结冰。

酒泉公园内的酒泉

清代的"西汉酒泉胜迹"和"汉酒泉古郡"石碑，与左宗棠手书的匾额"大地醍醐"，亦保存完好。另有一石碑刻有李白《月下独酌》中的名句："天若不爱酒，酒星不在天。地若不爱酒，地应无酒泉。"

辉煌敦煌

  敦煌市位于河西走廊西端，身处甘肃、青海、新疆三省（自治区）接壤处的沙漠中，目前由酒泉市代管。"敦煌"一词最早见于《史记·大宛列传》，根据东汉应劭的解释，"敦，大也，煌，盛也"，意为盛大辉煌。在西汉河西四郡中，敦煌郡处于最西。

  莫高窟是敦煌的名片，到敦煌不去莫高窟必然是巨大遗憾。如果游览莫高窟未能尽兴，还可去位于市中心的敦煌博物馆继续探索。馆内主要收藏敦煌出土的各类文物，包括敦煌藏经洞出土的文书、写经，汉长城烽燧出土的汉简，东汉及魏晋古墓中出土的墓葬物等。馆内常设展览题为"华戎交汇的都市——敦煌历史与丝路文物陈列"，收藏了珍贵的敦煌遗书。

  鸣沙山、月牙泉为敦煌风景名胜，山上风起沙响，故号鸣沙山，山下有泉水一潭，形似新月，故号月牙泉，山泉共处，沙水共生，奇异而和谐。这里是欣赏大漠落日的好地方，游人多喜穿红裙拍照，两相映衬，色彩愈发浓烈撼人。这里的商业游玩项目较多，可以骑骆驼、骑沙漠摩托车、滑沙等，甚至还可以尝试滑翔机、直升机等项目，就算不参加任何一个项目，也可以徒步爬沙山，如果不想双腿陷在细沙里，还可以走阶梯。起风的时候，在沙丘顶部可以看到沙粒旋涡，不失为一次震撼的视觉体验。骑着骆驼可以从鸣沙山一路走到月牙泉，仿佛重走了古代行者骑着骆驼寻找水源的路，不过遗憾的是由于环境恶化，月牙泉目前只能靠人工方式来维持水位。

敦煌雅丹国家地质公园距市区超过 100 千米，亦是敦煌的自然风光看点。雅丹地貌是岩石被风侵蚀而成的，形状奇异，如禽鸟，如猛兽，如古堡，如军舰，观者尽可以发挥想象力。夜幕降临之时，风吹过岩石发出尖利的怪叫，故俗称魔鬼城。这里是电影《英雄》的取景地，也是感受大漠荒凉风光和摄影的好去处。

敦煌美食的代表是驴肉黄面。一盘地道的驴肉黄面，首先面要细韧有劲道，其次浇在面上的香菇汁要醇香，稍带甜味，香菇末、驴肉丁、豆腐块混合起来口感要软硬适中，才会吃得不费劲但有嚼头。驴肉黄面在餐馆中属于常规菜式，价钱也不贵。酿皮子、臊子面、浆水面也是在敦煌很受欢迎的面食。若是在烈阳下游玩乏力，不妨在街头巷尾买一杯杏皮水，由敦煌特产李广杏制成，是流行的解暑佳饮。

鸣沙山

月牙泉

当谷燧汉长城遗址

地址：敦煌市西北约90千米，玉门关以西3
千米

交通：坐坐租车或自驾前往

门票：免费

文保等级：世界遗产

推荐评级：★ ★ ★ ★

　　汉武帝好马，为了满足他对良马的向往，李广
利率兵西征大宛。直到公元前 101 年，李广利对大
宛的讨伐已进行了 3 年，终于带着汉武帝心心念念的
3000 匹大宛马凯旋。自从霍去病逐匈奴、汉朝向西
拓进以来，游牧民族不再那样嚣张地侵扰中原，西行
的通路也将汉风逐渐带到了河西，如今良马也已到手，
西进的成果令人欣喜。

然而，创业艰难，守成亦不易。一旦失去河西，向西的通路也就不复存在，接触西域的设想只能沦为空想。为了保证河西的安全，抵御不时南下侵扰的北方游牧民族，一道防御城墙从东方蜿蜒至河西走廊的西方尽头，甚至进入西域的东端。

　　这个浩大的工程旷日持久。公元前127年，汉朝收复河南地，置朔方、五原郡，移民垦荒，并对秦时沿黄河而建的长城加以修整，这是汉武帝第一次大规模修筑边防。公元前121年，霍去病拿下河西，汉武帝遂命令把长城由朔方沿黄河延长，修筑至令居（今甘肃永登），又将长城在令居分段，向西延长到玉门。

　　李广利回来后，汉武帝又下令将长城延伸到了盐泽，也就是新疆地区神秘的罗布泊。经过几番延长，汉长城的形态终于确定：沿河西走廊的北部，东西长达千余千米。

　　在汉代，长城又称"塞"。如果长城只不过是一段长一些的墙，那也起不到什么抵御的作用，关键在于连接起每段墙体的小城堡，大约每隔5千米就有一个。发放警报的"烽台""亭"或"燧"，就位于这些墙体之间的连接点上。

　　这段汉长城由黄土版筑而成。虽然在修筑过程中就地取材，每隔10多厘米就有一层芦苇、红柳等植物做成的夹层，防碱、加韧，但毕竟抵不过两千多年的风吹雨打，何况还有人为破坏，早已成了颓垣断壁。

如今较为完整的汉长城遗址，只有玉门关西北方向的一段。而在玉门关以西3千米处，一处叫作"当谷"的烽燧也幸运地保存了下来，甚至还能看到当年的积薪处——不知为何，这些薪材最终没有燃烧出预警的烽火，却成了如此生动的标本，今人观之，仿佛还能看到守卫烽燧的将士匆忙点起烽火的那一刻，大漠里升起一道孤烟。

汉长城遗址的意义还不止于让今人吊古。从1907年开始，在这黄土与砂石的堆积之下，前前后后竟出土了数以千计的汉简，是为"敦煌汉简"。

第一个发现敦煌汉简的人，是英籍匈牙利人斯坦因。1907年，他发掘出700余枚汉简。1914年，罗振玉、王国维两大学者合著的《流沙坠简》出版，宣告简牍学的诞生。

在如今已出土的敦煌汉简中，既有来往公文、烽燧纪事、廪给簿记、物料账册，又有《仓颉》《急就》《力牧》等古书片断和历谱、医方、私人书信、方术、技艺等杂简。这些简牍是另一种形式的积薪，向今人诉说着远去的汉塞生活：为了护卫、经营通畅的丝绸之路，在中原王朝曾有无数人背井离乡，将生活扎根于此，成为大漠中的守护者。

当谷燧积薪遗存，站立者为斯坦因，1914年

在今敦煌市存留有约130千米的汉长城。汉长城的特色是就地取材、因地制宜，使用芦苇、罗布麻、红柳等植物，一层柴草、一层沙砾依次叠加夯筑而成。柴草厚度约5厘米，沙砾厚度约20厘米。

烽燧是长城预警系统中的重要部分。敦煌市现存烽燧80余座，其中保存最为完整的当属当谷燧，通往燧顶的台阶尚有遗存。离当谷燧不远处，还保存着当年备用的积薪，经过两千多年，早已石化。

斯坦因于1907年来到敦煌汉长城遗址考察。在当谷燧遗址，他发掘出了大量汉简。王国维根据出土汉简，确认此燧名称为"当谷"。

敦煌汉长城遗址

悬泉置遗址

地址：敦煌市东北约 64 千米处，安敦公路
　　　甜水井道班南侧 1.5 千米
交通：坐出租车或自驾前往
门票：免费
文保等级：世界遗产
推荐评级：★ ★ ★ ★

　　"苏武牧羊"的典故，算得上是在中国代代流传
的集体记忆了。公元前 100 年，时任中郎将的苏武出
使匈奴，竟被匈奴扣留。这一扣留就是整整 19 年，
苏武拒不投降，在北海（今俄罗斯贝加尔湖）边牧羊，
掘野鼠和野草为食。直到公元前 81 年，汉昭帝与匈
奴和亲，苏武才被释放回朝，此时的他已经须发全
白了。

在这个传奇色彩浓重的故事中，人们自然会为苏武的气节动容，却不太会注意到苏武的一位随从，他阻止了苏武的自杀举动，也曾被匈奴扣留了十余年，后来伺机逃跑了。这位随从就是后来的长罗侯常惠。

常惠生于太原（今山西太原），年少家贫，后应募从军。从匈奴领地逃回后，他被封为光禄大夫。后来，他成了汉朝派往乌孙的使者。沿着丝绸之路往返于中原与乌孙之间，常惠一行旅途劳顿，走在两座郡城之间的空阔贫瘠的土地上时，能代表中原王朝接待他们稍做歇息的，只有悬泉置这样的官方驿站。

河西四郡列置，边防长城蜿蜒。帝国的生存少不了信息畅通，要想有效管理河西乃至西域，还需要一套邮驿系统，保证信息的有效传达——"置"，就是西汉时期的驿传机构，主管信件、公文传递，接待过往官员和使者等，在行政等级上相当于县。位于酒泉郡和敦煌郡之间的悬泉置，就是这样的一个驿站。

悬泉置因东南侧山谷间的悬泉而得名，所谓悬泉，即从崖壁中涌出的泉水。悬泉置遗址在今甘肃省敦煌市东面 60 千米处，根据遗址推测，悬泉置占地 2 万平方米有余。然而，这块见证过无数次你来我往的土地，在西晋十六国时期之后就被废弃，逐渐消失在砂石之中。

与汉长城遗址一样，在悬泉置遗址也出土了数量巨大的简牍，超过两万枚，上及军政大事，下至屯戍生活，涵盖范围之广，是当年真实生活的"微缩胶卷"。在浩繁的简牍海洋中，有一册简牍吸引了学者的注意。在这册简牍上详细记载了长罗侯常惠经过悬泉置时，置内的开支条目。

公元前72年，受汉宣帝派遣，常惠第一次出使乌孙。当时的乌孙昆弥（乌孙王）是翁归靡，而翁归靡的夫人，正是汉朝的公主刘解忧。

第一个远嫁乌孙的汉朝公主是刘细君。元封年间，乌孙昆弥猎骄靡向汉武帝请求结亲，汉武帝即以侄子江都王刘建的女儿细君公主远嫁乌孙。汉与匈奴都想拉拢乌孙的势力，在和亲的事情上，双方都不肯放松。《史记·大宛列传》记载，匈奴也跟着遣来女子，结果做了乌孙王的左夫人。乌孙人以左为贵，换言之细君公主只是猎骄靡的第二夫人，而匈奴紧随其后遣来的女子却成了第一夫人。细君公主在乌孙人中生活得并不畅意。她不懂乌孙语言，又难以适应游牧民族的生活习惯，身为丈夫的猎骄靡又已十分年迈，一年里细君公主几乎见不到他几面。她明白自己远嫁乌孙所承担的使命，既要与匈奴夫人抗衡，又要努力讨求昆弥的欢心，并在乌孙贵族之中周旋，以汉朝的名义将金银、丝绸赏赐给他们。年轻的细君公主因此苦闷不已，曾作《悲愁歌》以纾解："吾家嫁我兮天一方，远托异国兮乌孙王。穹庐为室兮毡为墙，以肉为食兮酪为浆。居常土思兮心内伤，愿为黄鹄兮归故乡。"

对一位接受过中原正统教育的公主而言，最难以接受的，也许就是猎骄靡安排将她下嫁给猎骄靡之孙军须靡。细君公主为此上书汉武帝。出于要和乌孙联盟攻击匈奴的考虑，汉武帝让她遵从乌孙的习俗。细君公主与军须靡成婚不久，猎骄靡便去世了，而公主也在生下一女后因病离世。

细君公主去世，汉朝联合乌孙的计划又陷入了晦暗之中，就在这时，军须靡向汉武帝提出了续娶汉朝公主的请求，无疑是在示好。汉武帝选择了楚王刘戊的孙女刘解忧，此时的解忧公主还是 19 岁的少女。军须靡的左夫人依然是匈奴公主，解忧公主位居右夫人。匈奴公主为军须靡生下一子，名叫泥靡，乌孙与匈奴之间似乎更为亲密。然而还没等到泥靡长大，军须靡就去世了，死前将王位传给堂弟翁归靡，待泥靡足可称王时，再将昆弥之位转交泥靡。按照乌孙习俗，匈奴公主和解忧公主又成了翁归靡的夫人。

不似细君公主的激烈抗拒，刚毅的解忧公主坦然接受了。而性情开朗的翁归靡，也成为与解忧公主情投意合的伴侣。翁归靡与解忧公主共有 5 个孩子，长子元贵靡成了之后的大昆弥，次子万年曾为莎车国王，三子大乐为乌孙左大将。长女弟史备受龟兹王绛宾青

145

睐，后成为绛宾之妻，而小女素光则嫁给了乌孙的大臣若呼翎侯。在解忧公主的努力下，乌孙与汉越发亲近起来。这引起了匈奴的忌恨。常惠第一次出使乌孙而归时，就有翁归靡和解忧公主派出的使者随行，他们的任务正是向汉帝陈情，请求汉朝出兵援助正在忍受匈奴大肆侵扰的乌孙，而乌孙愿意出5万精兵，与汉朝并肩作战。

汉宣帝答应了出兵的请求，以常惠为校尉，负责监护乌孙出兵。次年，汉朝出兵15万，分为五路，北征匈奴，不过并未遭遇匈奴主力，无功而返。常惠则监护5万乌孙精骑，东攻匈奴右部，俘虏了单于的家室、骑将等近4万人，马、牛、骆驼5万头，羊60多万只。五将皆无功而返，唯独常惠立功，他后来被封为长罗侯。

公元前60年，翁归靡去世，按照军须靡的遗愿，乌孙贵族立军须靡与匈奴公主的儿子泥靡为昆弥。泥靡号称"狂王"，性情狂暴，解忧公主嫁给泥靡后无法忍受，终于闹至决裂。而翁归靡与匈奴公主所生的儿子乌就屠野心勃勃，杀死了泥靡，自立为大昆弥。这时，解忧公主嫁军须靡时带来的心腹侍女冯嫽登场了。

冯嫽嫁给了乌孙的右大将。尽管是侍女出身，但这个女子并非等闲之辈，在解忧公主需要与西域诸国联络时，冯嫽总会担当起使者的重任，曾代表公主持汉节，行赏赐于西域各地，为诸国所敬信。乌孙内讧后，乌就屠向匈奴示好，汉朝一度感到深切的不安，汉宣帝甚至派大将辛武贤驻兵敦煌，准备西征乌孙。公元前52年，冯嫽受时任西域都护郑吉之托，说服了乌就屠退位为小昆弥，领四万户，随后又充任汉朝使者，锦车持节，立解忧公主的长子元贵靡为大昆弥，领六万户。

元贵靡并不擅长于政治治理，在长罗侯常惠的卫护下才能顺利执政，然而这样的日子也不长久。公元前51年，元贵靡去世，其子星靡继位。解忧公主痛失爱子，深觉自己垂垂老矣，倍加思乡，请求东归。星靡生性软弱，难以自立，因护送解忧公主回朝而暂居长安的冯嫽遂上书汉宣帝，自告奋勇出使乌孙，镇抚其国，保护星靡。汉宣帝满足了她的愿望。

在广阔戈壁中面对空旷的悬泉置遗址，想象一下当年，悬泉置里的人们如何有条不紊地采办食物，收拾屋子，迎接再次踏上丝绸之路的长罗侯常惠。这一次，长罗侯又将走向何处？

也许有必要略书几笔三人的结局。

公元前49年，解忧公主去世，享年72岁。72年中，有51年是在乌孙国度过的。

公元前46年，常惠去世，谥为壮武侯。年轻时随苏武出使匈奴，后来又五次出使乌孙，还在龟兹国立过追讨叛徒之功。

冯嫽最终在乌孙国去世，卒年月不详。

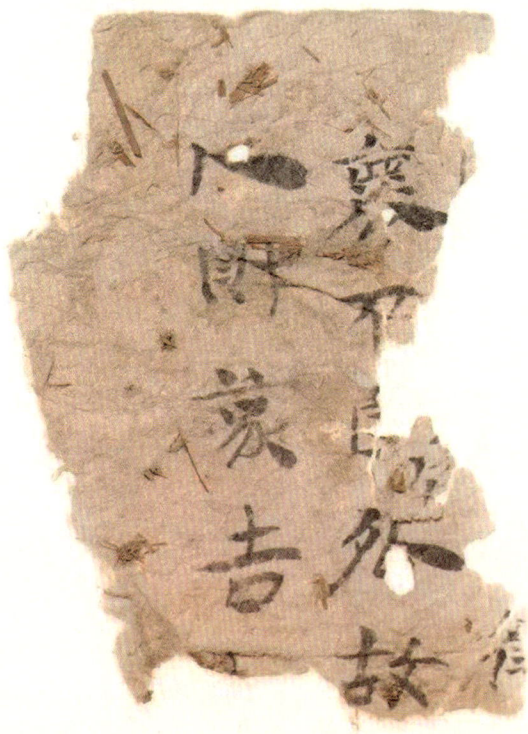

悬泉置麻纸文书

敦煌悬泉置遗址

　　悬泉置遗址位于今敦煌市东北 64 千米。东南的山谷内崖壁涌泉，故曰悬泉。始建于西汉武帝时期，东汉废弃，西晋十六国时期重筑，又遭废弃，逐渐湮没。1987 年发现后，由甘肃省文物考古所进行发掘研究，在 1991 年至 1992 年收获颇丰。这是第一次发掘西北汉朝驿站。

149

悬泉置出土木简

遗址总面积约 22500 平方米，坐西向东，主体建筑为坞堡。坞呈正方形，边长约48米，东北、西南角设角墩。坞内主要有西、北两组房舍，坞东南侧设粮仓，坞南侧残存有马桩若干。出土遗物 25000 多件，其中 21000 余枚简牍，是敦煌汉简与居延汉简之外的一大突破，内容涵盖政治、经济、军事、民族关系、屯戍制度等。此外还出土有麻质纤维纸，这一发现使造纸术的发明时间大大提前了。

莫高窟

地址：敦煌市东南 25 千米
交通：可在敦煌宾馆对面乘坐专线客车
门票：旺季 160 元，淡季 80 元；参观特窟需
　　　另行购票
文保等级：世界遗产
推荐评级：★ ★ ★ ★ ★

　　公元 366 年，前凉时期戒行清虚、执心恬静的僧人乐僔云游至敦煌郡鸣沙山，在大漠中看到了与鸣沙山相对的三危山山巅的神妙一幕："忽见金光，状有千佛"，辉煌的景象令乐僔心神激荡，沉浸在佛光笼罩的喜悦中，又想采取一些实际行动来表达内心的崇敬之情。于是乐僔就地架空凿岩，造窟一龛。

　　乐僔也许不会想到，无数后人会在他选择的这片

岩壁上重复他的举动，凿窟造像的规模越来越大，竟至于一时无两。最终，石窟由北向南绵延了约 5 千米，这便是举世闻名的宗教艺术圣殿，中国境内的丝绸之路上最惊人的印度、犍陀罗、中亚、西域、中原文化碰撞的结晶——莫高窟。

诞生于东晋十六国时期的莫高窟，其风貌在唐时达到了波澜壮阔的顶峰，当时此地风景优美，与身姿曼妙的壁画飞天相映成趣。然而随着唐的国势衰微，莫高窟也每况愈下。唐亡后，虽然历代又有添加，直至元朝，这块曾经熙熙攘攘的佛教圣地还是逐渐淡出了人们的视线，被漫天黄沙掩盖，直到清朝才被重新发现。

接着就是道士王圆箓和西方寻宝者的故事了。王圆箓祖籍湖北，生于陕西，本是个四处流浪又一事无成的道士，不足以为人道也，误打误撞成了沉睡数百年的莫高窟的看守者。20 世纪初，来自西方的探险家们在亚洲展开了激烈的寻宝竞赛，莫高窟里的宝藏是如此丰富，自然成了他们的目标。他们和不明真相的王道士交涉，最终成功地以低价交换了一批又一批珍贵文物。而王道士则拿着西方寻宝者留下的钱财，根据自己的心愿"重修"了上百个洞窟，讽刺的是，他的"重修"实际上是在破坏文物，许多壁画都被他的粉刷掩盖了。如今在莫高窟对游客开放的部分洞窟中，第17窟就是当年王道士偶然发现的藏经洞。打着玄奘崇拜者旗号的斯坦因，以及随后到来的法国汉学家伯希和，正是从这里拿走了一大批珍贵的文书。

藏经洞，原本是河西都僧统洪辩（晉）的影窟。"影窟"是绘塑有高僧真容的石窟，以示纪念，有的影窟本身就是高僧生前修行的场所。所谓"都僧统"，是敦煌在唐末沙州时期特有的一种官职，统领僧尼，为佛教界之领袖。

在这个影窟里，经卷、文书、织绣、画像等5万余件文物，封藏了900年。这些文物的年代，从4世纪开始，可以一直跨越至11世纪。在浩繁的文字遗存中，不仅有儒道释三家的典籍，还有诗词歌赋与民间文学，以及地方志、户籍、账册、历书、契据、信札、牒状等。其中大部分是汉文，但也有藏文、梵文、回鹘文、龟兹文、于阗文等各个民族的古文字。这个影窟化身为大型图书馆，只不过在图书馆里，书籍都整齐地排列起来，而在这里，文物却堆积成垛。从这种混乱无序的情形来看，很可能是在11世纪西夏人征服敦煌的战争中，人们匆忙将这里封存了起来，逃难去了。

由于莫高窟历经多代，后朝的壁画往往覆盖在前朝的壁画之上。例如有着著名的维摩诘经变、药师经变、阿弥陀经变的第220窟，表层是宋时绘就的千佛，而千佛之下则是保存完好的初唐壁画，前壁和右壁还有两个贞观十六年，即公元 642 年的墨书题记。

层层覆盖的壁画，固然显出岁月沧桑，但对今人而言却是一个棘手的问题：究竟是保留这些多少有些破败的后朝壁画残片，还是剥除残片，让前朝壁画显露出来？20 世纪 40 年代，驻留在莫高窟临摹壁画的张大千选择了"破壁"，剥除了唐以后的壁画，临摹唐时壁画。对于张大千的选择，如今依然存在争议。

莫高窟的壁画题材并不局限于佛教。论及当时的历史事件与社会生态，供养人图不容错过。

艺术创作的成本由特定的人赞助，而创作者则需要根据赞助者的意愿进行创作，这种供养关系是古今中外的常态，例如文艺复兴时期的名画家波提切利，就是当时意大利佛罗伦萨的统治者美第奇家族的宠儿。在当时工程技术水平有限的情况下，开凿石窟费时费力，又需要聘用专门从事雕塑、绘画的人，并不简单。若不是有供养人心诚向佛，捐窟供佛以积功德，或者看中了莫高窟的地位，觉得值得在里面画上先人的肖像以示纪念，那么在鸣沙山的断崖上，就不会出现如此多的石窟了。

在第 156 窟，就有这样一幅供养人图，只不过供养人的来头甚大，超过了一般的贵族或富贵人家——这一窟的供养人，是当时控制了敦煌的张氏家族。这一幅《张议潮出行图》，主角正是时任河西十一州节度使的张议潮。张议潮率军凯旋，光鲜威风——他击败了占据河西的吐蕃。

说起吐蕃，最有名的象征，也许就是那座屹立在拉萨蓝天之下的布达拉宫了。这座宏伟的宫殿，是吐蕃赞普松赞干布为迎娶文成公主而建。

文成公主是唐太宗所收养的宗室女。在唐太宗与松赞干布的时代，有了和亲的辅助，唐与吐蕃之间的关系尚还融洽。但到了唐高宗、武则天的时代，吐蕃便与西突厥等势力勾结，共同反唐。纵然在公元692年，武威道大总管王孝杰、阿史那忠节曾率兵彻底收复安西四镇，吐蕃也因内乱而衰弱，但当安史之乱爆发后，吐蕃又有了可乘之机。为了平定中原的混乱，唐四处调兵，原本驻扎在河西与西域的多支劲旅都被调往中原，西北边防空虚。吐蕃就这样占领了河西与部分西域。

经过近千年的发展，河西的汉文化早已根深蒂固，吐蕃带来了自己的一套迥异的建制，激起了民众的反弹。再加上吐蕃赞普达磨去世后，因王位争夺而爆发内乱，河西归唐之心尤为切迫。

唐时的敦煌名为沙州，此地豪族张议潮率先出手，打开了对抗吐蕃的局面。在"归国"的号令之下，张议潮率领着包括僧人在内的各方面力量，驱逐了吐蕃安置在沙州的守将，收复了被吐蕃占领了大约 70 年的沙州，以及与沙州邻近的瓜州。

唐廷反应迟钝，直到张议潮派遣 10 队使者，携带着同样的表文，分 10 路赶赴长安通报后，长安城才得知了其中 1 路使者带来的消息。瓜、沙二州原为西北重地，这次归唐，未费朝廷一兵一卒。在使者赶赴长安的过程中，张议潮再接再厉，向吐蕃占领的其他地区进军，到公元 851 年时，除了凉州，河西失地都已归唐。

这一年的八月，张议潮又派出了一支使团，再入长安告捷，其中就有张议潮的兄长张议潭。河西的收复如此之快，怎能不褒奖张议潮的过人胆识？唐宣宗遂派张议潮为沙州防御使、十一州观察使，而张议潭则留质长安。之后不久，朝廷又在沙州建立了归义军，以张议潮为归义军节度使，统领十一州军政全权。从此往后，张议潮等于就是整个河西地区的统治者，也无怪乎在《张议潮出行图》上如此威风。

归义军政权之后一共延续了将近 200 年，直到公元 11 世纪初，西夏王李元昊攻占河西全境，继承张氏归义军政权的曹氏归义军政权，也就此在中原典籍中消失了。

莫高窟外观

　　莫高窟位于今甘肃省敦煌市区东南 25 千米，依鸣沙山东麓的崖壁而开凿，上下五层，南北长 1600 余米。从东晋十六国至元朝，前后共出现了 1000 多个洞窟。现存窟室有 492 个，合计壁画 45000 多平方米，彩塑 2415 身，唐宋木构建筑五座，莲花柱石和地砖数千块，是集建筑、雕塑、绘画为一体的艺术瑰宝，印度、犍陀罗、中亚、西域、中原的艺术风格都在这里得到了体现。

敦煌莫高窟

清光绪二十六年，即1900年，看守莫高窟的道士王圆箓偶然发现藏经洞，即今第17窟。藏经洞中有写本经卷、图书、织物、拓本、画像等，自公元4世纪至14世纪，计约6万件。除汉文写本外，还有藏文、梵文、粟特文、古和阗文、回鹘文等各族文字写本，约占六分之一。写本中大部分与佛经、道经、儒家经典相关，另外还有史籍、账册、信札、诗赋、地志、历书等。

莫高窟220窟壁画

1907 年、1908 年，英籍探险家斯坦因与法国汉学家伯希和相继到来，取走藏经洞精华。1909 年，伯希和带着他所得到的敦煌四部古籍的精品来到北京，出示给学者罗振玉等人。中国学者由此注意到莫高窟的巨大价值，但其呼吁得不到积极的回应。甚至在 1922 年，一群白俄逃亡者来到敦煌，约 500 人，当地政府竟将他们安置到莫高窟，他们在洞内支床、安炉、生火做饭，窟檐和栈道的木结构都被当成了木柴烧掉了，大量壁画被熏成乌黑，其中包括著名的 217 窟《法华经变》和《观无量经变》。许多塑像上的贴金被刮去，壁画上留下了斯拉夫语的下流话。

直到 1943 年，敦煌艺术研究所成立，启动了对莫高窟的系统保护与研究。新中国成立后，改为敦煌文物研究所，后又扩大为敦煌研究院。

159

《张议潮出行图》局部

在这幅出行图上，最前端以骑兵仪仗为主，甲械齐整，旌旗鲜明。中间则是军前舞乐，8名舞者排成两队，甩动长袖相对而舞。后面跟着乐队，共10人，除两边各有一面大鼓外，还有琵琶、横笛、筚篥、拍板、箜篌、腰鼓等。接着是骑兵仪仗的后卫，剽悍的骑兵环护着旌节——皇帝敕封的标志。张议潮身穿红袍，骑白马，位于桥头，画题书"河西节度使检校司空兼御史大夫张议潮统军□除吐蕃收复河西一道行图"。之后为"子弟军"15骑。最后是20余骑的射猎队。

阳关

地址：敦煌市西南约70千米
交通：坐出租车或自驾前往
门票：50元
文保等级：省级文物保护单位
推荐评级：★★★★

玉门关

地址：敦煌市西北约90千米
交通：坐出租车或自驾前往
门票：40元
文保等级：世界遗产
推荐评级：★★★★

　　一个唐朝人来到河西走廊的西方尽头，将要出河西而入西域，他有两条道路可以选择，它们分别由两个关隘锁守。据北道者为玉门关，锁南道者为阳关。

为了维持丝绸之路的秩序，防御意图再次侵扰的游牧民族，防止人群随意出入，丝绸之路上的关卡是必不可少的。尤其是在河西走廊与西域的交界处，河西走廊很早就被纳入了中原王朝的版图，但西域一直是中原王朝与游牧民族政权不断拉锯的场所。面对前景不确定的西域，中原王朝在渴望与之接触的同时，也不得不加以防范。玉门关、阳关，就是防范的据点。

玉门关之名，据说是出于产自西域于阗国的玉石，美玉流向中原，必先通过关隘的检查。阳关之名则与玉门关有关，所谓"阳"，即指此关在玉门关以南。

阳关和玉门关，素来是诗词的常客。"羌笛何须怨杨柳，春风不度玉门关"，"劝君更尽一杯酒，西出阳关无故人"，直到今天，这些遥远的乡愁与离情，还在小儿的书声琅琅中活着。而阳关和玉门关本身，由于唐以后海路兴起、陆路衰落，也逐渐荒颓。如今的玉门关，是茫茫大漠中孤独耸立的一座近方形建筑遗址，而阳关则几乎全被黄沙埋没了。

在阳关、玉门关以西，沙漠古城等待着后人，西域正在召唤。

阳关遗址

　　阳关遗址位于今甘肃省敦煌市西南古董滩附近。始置于西汉，唐后因陆路衰退而被废弃，今存墩墩山上的一座烽火台。墩墩山下南面有沙滩，滩上有大片版筑遗址。附近还有一段最高约0.6米的断断续续的城堡墙基，当地人称之为古董滩。

　　当地现已开发阳关景区，由阳关遗址与阳关博物馆组成。

玉门关（小方盘城）遗址，斯坦因摄于1907年

　　玉门关遗址位于今甘肃省敦煌市西北80千米的戈壁滩上，呈方形，因此又名小方盘城。始置于西汉，原城堡的大部分已毁，现存城垣东西长24米，南北长26.4米，残垣高9.7米，面积约633平方米。城北有东西向车道一条，即中原与西域诸国往来之丝绸之路故道。四周有营垒、炮台、古塔等遗迹。

敦煌玉门关遗址

丝绸之路中段南道

过了玉门关、阳关，便走到了西域，一个充满了神秘传奇的地方。广袤的塔克拉玛干沙漠严酷无情，却依然有生命的奇迹存在——在沙漠的南缘、北缘，曾有许多绿洲国，仿佛洒落的绿宝石。绿洲国面积并不大，水源就是它们的生命之源。居民的数量也很有限，但是在沙漠这个相对封闭的环境中，它们各自发展出独特的文化。而若将分散的绿洲国连点成线，便有了两条通路，一条在塔克拉玛干沙漠南缘，一条在塔克拉玛干沙漠北缘，这就是丝绸之路中段南道与中段中道。

在丝绸之路中段南道，楼兰古国的谜团还在沙漠中沉睡，和田美玉的柔光仍于河川中闪亮。还有帕米尔高原脚下的『汉日天种』塔吉克族，他们的美丽传说经由玄奘的《大唐西域记》流传后世。虽然在中原王朝与游牧民族政权拉锯的过程中，这一条通路上的绿洲国也免不了成为双方的筹码，成为军事冲突的爆发点，或是战略防御的要冲，但在动荡不安的生活中，绿洲国的国民依然留下了丰富的精神生活的遗产。

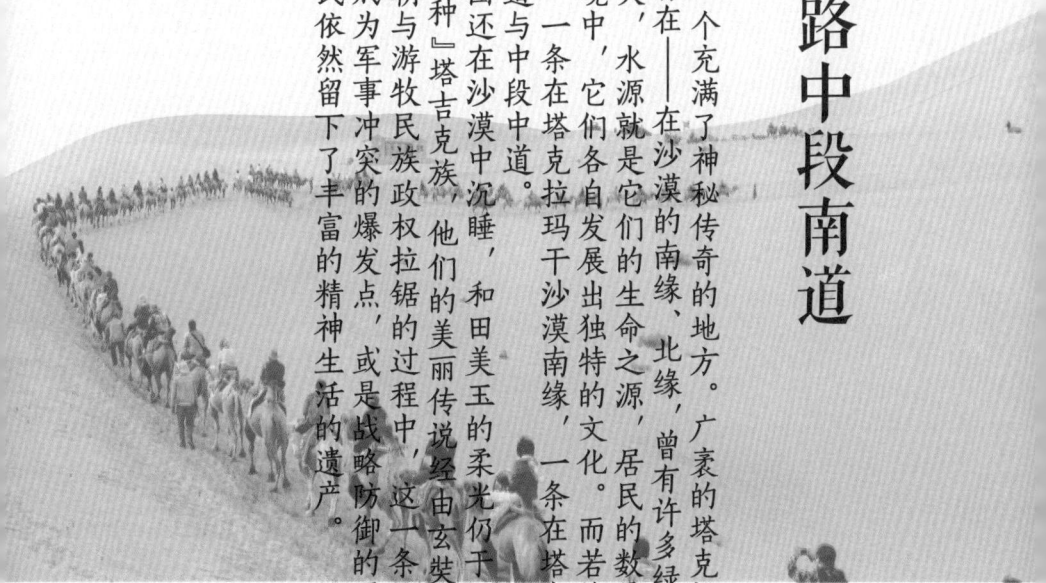

神秘之域

　　神秘是若羌的气质。东与甘肃、青海二省交界，南与西藏自治区接壤，这座地处新疆巴音郭楞蒙古自治州东南部的县地域广阔，面积将近 20 万平方千米，是全国辖区总面积最大的县，但其中耕地只占百分之一都不到，目力所及皆是山地、荒地、戈壁、沙漠，严酷的自然环境注定了人们难以一举掀开若羌的面纱。然而，惊人的景象往往与严酷的自然环境相伴随，这也是若羌一直都在吸引探险者的原因。为了探索罗布泊，1996 年 6 月，中国探险家余纯顺就丧生于盐碱地，他的墓碑如今依然还在罗布泊，成为后来勇者追念他的地方。

　　与楼兰古城遗址相比，位于孔雀河下游河谷以南的罗布沙漠中的小河墓地遗址更让人觉得捉摸不透。1934 年瑞典考古学家、探险家贝格曼第一次发现他眼中的死者殿堂——小河墓地，此后它却神秘消失了，直到 2003 年才重见天日。墓地上胡杨木柱紧

小河墓地

密排列，现存 140 多根，男性死者棺木前立着象征女性生殖器的桨形柱，女性死者棺木前立着象征男性生殖器的多棱柱，反映了此地古文明对生育的崇拜。从小河墓地还曾发掘出名为"小河公主"的年轻女尸，面容具有欧罗巴人种的特征。不过，小河墓地周围地形复杂，道路颠簸，碎石与软沙会令驾驶变得更加困难，在没有向导与充足装备的情况下，不可贸然探险。

除了充满传说的楼兰古国相关遗址，在若羌县境内最引人瞩目的自然奇迹便是阿尔金山，平均海拔 4000 米以上。由于地理位置偏僻、自然条件险恶，阿尔金山一直为无人区的神秘云雾所笼罩，但却是稀世美景的所在，野生动物的天堂。阿尔金山国家级自然保护区涵盖了雪山、冰川、沙漠、湖泊、沼泽、草原等多种地貌，在这里生活着许多濒临灭绝的高山珍贵动物，如野牦牛、藏羚羊、藏野驴等，还有大量鸟类群集于高山湖泊。然而由于高原生态环境较为脆弱，保护区并不对外开放，进入保护区需要在阿尔金山国家级自然保护区管理处办理通行证。深入无人区有包括迷路、失去外界联系、遭遇动物攻击等风险，因此不建议游客在未做好充分准备的情况下擅自进入。

阿尔金山

若羌县楼兰古城遗址

地址：若羌县东北约300千米
交通：坐出租车或自驾前往
门票：向文物局申请并缴费
文保等级：全国重点文物保护单位
推荐评级：★★★★

在沙漠中行走，没有水等同于没有生命。1900年，来到罗布泊地区调查的瑞典探险家斯文·赫定深知这一点。这些天他与随从收获寥寥，沙漠却丝毫不同情他们，正当行走到罗布泊北岸，意欲掘井取水时，他们才发现唯一的铁铲不见了。

斯文·赫定派出自己的维吾尔族向导阿尔迪克，赶回之前的驻留点寻找铁铲。阿尔迪克是个机灵的向导，作为维吾尔族人，他从小与沙漠打交道。尽管如此，在遭遇铺天盖地的沙暴时，再机灵的人也可能犯错。阿尔迪克在沙暴中迷了路，误打误撞，竟然走到了一处明显是古代遗迹的地方——然而阿尔迪克之前根本没有见过这处遗迹，在沙暴席卷之前，这里只有寻常的黄沙。显然，是沙暴让这处隐身了不知多长时间的古代遗迹现身了。

敏感的阿尔迪克当即俯身开始挖掘，掘出了雕刻精美的木板与铜钱。他当即决定返回，向斯文·赫定汇报自己的发现。听完阿尔迪克的汇报，斯文·赫定在做好充分准备后，来到了阿尔迪克发现的地方。

呈现在斯文·赫定眼前的，是木制的住房和柳条编成的墙垣，门框和木柱都还立在黄沙中——这是一座古城。在这里，斯文·赫定找到了一批汉文文书和佉卢文木简。他将文书带回了瑞典，交给专家卡尔·希姆莱先生鉴定。希姆莱注意到了佉卢文木简里经常出现的"Kroralona"一词，认为这个词指的便是楼兰。楼兰古城就这样结束了一千余年的睡梦。

楼兰是"神秘"的同义词。边塞诗流传千年，"出玉门关、阳关而至西域"给人的印象过于深刻。其实在道路初通之时，河西走廊以西的丝绸之路还只有南道、北道两条活跃的支路，作为南道、北道分界点的并非敦煌和两关，而是楼兰城。

张骞远行 13 年归来，卫青、霍去病三战通河西，遥远的西域三十六国从此进入中原帝王的视野。《汉书·西域传》记载，三十六国皆在匈奴之西、乌孙之南。

天山、塔克拉玛干沙漠、昆仑山，由北向南构成三道天然的分界线，帕米尔高原则东西分隔中亚与狭义的西域。三十六国中，位于葱岭以西的有四国：大宛、捐毒、休循、桃槐。葱岭是帕米尔高原在中原典籍中的名称，根据《汉书·西域传》颜师古注，葱岭高大，上面生长着葱，因而得名。帕米尔高原以西，就是今天的中亚。位于葱岭脚下的有八国：皮山、西夜、子合、蒲犁、依耐、无雷、难兜、乌秅；位于天山以东的，有劫、车师二国；位于天山以南、塔里木盆地以北的，有十二国：疏勒、尉头、温宿、姑墨、龟兹、乌垒、渠犁、尉犁、危须、焉耆、墨山、狐胡。

剩下的十国，则在塔克拉玛干沙漠以南、昆仑山以北，为楼兰、婼羌（若羌）、且末、小宛、精绝、戎卢、扜弥、渠勒、于阗、莎车。它们就是汉时丝绸之路南道的沿线绿洲国。

汉时的丝绸之路从长安出发，经武威、张掖、酒泉、敦煌四郡，再沿着疏勒河向西，进入罗布泊地区，越过罗布泊抵达楼兰。而汉时丝绸之路的南道，正是从楼兰出发，沿且末河向西南到达若羌国（今新疆若羌境内）和且末国（今新疆且末境内），再沿塔克拉玛干沙漠的南部边缘西进，经过精绝国（今新疆民丰境内的尼雅地区），到达昆仑山北麓的于阗国，在此翻越葱岭，便能进入中亚。

凡是交通枢纽，大多都会成为财富聚集之地。作为西行之路的分界点，又靠近汉的关隘，使者、商队都必然经过楼兰，楼兰必然也曾繁华一时，而最终落得沉睡于沙漠之中的结局，也实在令人困惑。若不是斯文·赫定的偶然发现，或许这座古城还会在沙漠中沉睡更久。19世纪70年代，俄国的中亚探险家普尔热瓦尔斯基进入今天的新疆地区考察，声称自己发现了罗布泊，斯文·赫定的老师、提出了"丝绸之路"这一概念的德国地理学家李希霍芬不相信那是真的。1893年，斯文·赫定继承师业，第一次来到罗布泊地区。就在1900年第二次调查时，斯文·赫定意外发现了楼兰古城遗址。

汉朝向西域的道路初通之时，罗布荒漠中的罗布泊还是一片辽阔的水域。盐泽、蒲昌海，都是罗布泊的别名。《汉书·西域传》记载，蒲昌海距离玉门、阳关三百余里。孔雀河向南流至今天的新疆尉犁县境内时，与从西向东而来的塔里木河汇合，接着一并东流，汇入罗布泊。楼兰城的命脉，正是孔雀河。汉昭帝时期楼兰国向南迁都，此前居于国都地位的是楼兰城。《汉书·西域传》记载，楼兰国在最东边，靠近汉，附近有白龙堆，缺乏水草。放眼楼兰城周围，罗布荒漠干旱炙人，白龙堆之路狰狞险恶，楼兰城自然成为行路人休整的据点。既为政治、经济双重中心，楼兰城的繁华也就是顺理成章的事了。

绿洲国虽然名号为"国"，实际上领有的土地与人口都很少。楼兰国位居西域最东处，开始时接受月氏的统治，月氏西迁后，又不得不接受匈奴的统治。汉朝设立河西四郡之后，长城已筑，烽燧上驻守的军士时时刻刻警惕着匈奴的动静，匈奴难以下手，因此将目光投向了更加远离中原的西域绿洲国。楼兰国夹在汉朝与匈奴两大政治力量之间，难以自保。因此，强盗横行在这个重要的交通枢纽，楼兰国的士兵也会勾结匈奴横行霸道。汉朝商人愈发不能忍受，遂请求汉武帝以武力维持通路。公元前108年，汉武帝派出赵破奴与王恢，分别讨伐亲近匈奴的姑师与楼兰。楼兰王当即投降。匈奴不肯罢休，发兵楼兰。楼兰再次投降匈奴。不久，汉武帝为张骞口中的汗血宝马心动不已，派遣壮士车令携带厚礼西赴大宛求马。大宛王竟一口回绝并暗杀车令。汉武帝怒不可遏，派李广利西征大宛。李广利路经楼兰时，在匈奴的要挟下，楼兰王拦截汉军。楼兰王再次成为汉朝的俘虏，这次他向汉武帝表示希望举国迁入汉地居住。结果汉武帝放走了楼兰王，却没有让楼兰国人迁徙汉地。

公元前92年，被汉、匈轮番挟持的楼兰王去世了，接替他的新王给汉朝送了一名质子，同时也给匈奴送了一名质子，试图在汉朝与匈奴之间维持微弱的平衡。新王去世后不久，匈奴抢先将质子送回楼兰继承王位，这就是日后让汉廷头疼不已的尝归。尝归迟迟不入汉廷拜见，又多次杀害汉朝使臣与安息、大宛使臣。尝归的弟弟、留在汉廷做人质的尉屠耆向汉廷报告了尝归犯下的恶事。汉昭帝派出了毛遂自荐的勇士傅介子出使大宛，顺路责问有违逆汉廷之意的楼兰王和龟兹王。尝归保证以后不会再发生威胁汉朝权威的事情，并交代原本在楼兰的匈奴使者已经到北方的龟兹国去了，于是傅介子在龟兹国围杀了匈奴使者。

公元前77年，傅介子要求再次惩罚反复无定的楼兰、龟兹。"不破楼兰终不还"的傅介子声称是来给楼兰王送礼的，金银绸缎应有尽有。尝归在王宫设宴招待傅介子，酒足饭饱之后，尝归放松了警惕，跟着傅介子进入了后帐。傅介子趁机将刀刺入尝归的背部，结果了楼兰王的性命，并立尉屠耆为新王，将国名改为鄯善。

楼兰国的名号就此退出了历史典籍。代替它的，是在东汉年间将与于阗国一起雄张丝路南道的鄯善国，小宛、精绝、戎庐、且末等小城邦后来相继为鄯善所并，丝路南道上的绿洲国被鄯善国和于阗国瓜分了。东至古楼兰城，西达古精绝国，这是鄯善国于鼎盛时期的疆域，再向西去，就是于阗国的领地了。自鄯善建国后的近一百年间，汉王朝在高昌壁设立了戊己校尉，在车师屯田，于公元前60年在西域建立了西域都护府。相比之前夹在汉、匈之间的动荡反复，平和安定的时期终于到来，这种局面一直持续到魏晋。

汉昭帝之后，楼兰城虽然不再是鄯善国的都城，但并未彻底退出中原的视野。相关的证据，在楼兰古城遗址的一处墙角下静静等待着后人探索。1908年，在各国纷纷前往新疆寻找文物的大潮中，由日本僧人组成的大谷光瑞考察队年轻的成员橘瑞超也来到了楼兰地区。度过了收获寥寥的几天后，不太甘心的橘瑞超再次来到西域长史官衙的遗址"三间房"。就在"三间房"的墙隙中，他发现了李柏文书——3张汉文信稿，这封信是由当时的西域长史李柏写给焉耆国国王龙熙的。

李柏原是西晋时的西域长史，即东汉后期统领西域诸国的长官。公元76年，汉章帝撤销了西域都护，六年后又以赫赫有名的军司马班超为西域将兵长史，西域长史一职即始于此。公元91年，汉和帝复置都护，此时长史之职相当于副都护，到汉安帝时又撤销了二职。公元123年，复以班超之子班勇为西域长史，执行都护职务，治柳中城（今新疆鄯善鲁克沁）。三国魏时，西域长史府转移至海头城，而海头城就在楼兰地区。这样的设置经过了曹魏、晋、前凉的更替，直到前凉灭亡。

"八王之乱""永嘉之乱"后的西晋奄奄一息，南迁江东，远在海头城的李柏则投降了新兴的张氏前凉政权。张氏家族的张轨，本是晋惠帝于公元301年任命的护羌校尉、凉州刺史，岂料40余年后，张氏家族的张骏趁远在南方的东晋势弱，鞭长莫及，宣称不再拥戴晋室，自称大都督、大将军、假凉王，前凉政权就此开始。直到公元376年，张天锡兵败于氐族建立的前秦军队，河西地区与一部分西域都在前凉政权的控制下。

李柏投降后，依然担任前凉的西域长史，而李柏文书的内容，则与张骏出击赵贞的事件有关。赵贞乃前凉派出的驻守在高昌（今新疆吐鲁番地区）的戊己校尉。公元327年，赵贞背叛前凉，自署高昌郡太守，意图建起自己的独立小王国。李柏将赵贞的不轨之举报告给了张骏。前凉国主遂委任李柏前去讨伐赵贞。

李柏担当重任，但也有所忧虑。讨伐赵贞，势必兴师动众，其他绿洲小国势单力薄，眼见两个汉人之间的大战在即，必然生怕受到牵连。因此，李柏觉得有必要去信安抚这些小国，一方面问候国王们的近况，告知他们不必恐慌，另一方面也是在向国王们昭示讨逆之决心，以免国王们中途倒戈向叛逆之人，使李柏腹背受敌。于是，李柏便去信焉耆王龙熙，而这封信的底稿则在"三间房"的墙角沉睡了将近 1600 年。

赵贞的抵抗想必十分顽固，李柏的努力失败了。领兵战败，逃不过问罪受罚，只是张骏认为不值得："吾每以汉世宗（武帝）之杀王恢，不如秦穆之赦孟明。"李柏因此保住了性命。最后，张骏不得不亲自出马两次，才最终平定了高昌赵贞之乱。之后不久，前凉就在高昌设立了高昌郡。没有李柏、张骏的努力，高昌郡是否建得起来，还是一个疑问。

当年的西域长史官衙，应是楼兰城中规格最高的建筑了，而如今的"三间房"遗址，亦是楼兰古城中罕见的、还看得出原来规模的遗址。"三间房"地势较高，俯视着附近的古城残骸。它在四堵表面斑驳的墙体之间，隔出了三个相邻的空间，这也是"三间房"的名号由来。

在中原典籍中，关于楼兰古城的记载，最晚提到了"建兴十八年"，即公元 330 年。建兴十八年之后楼兰城的境况，就从文字世界中神秘消失了。楼兰城的废弃，大约就在公元 4 世纪，起码在法显路过罗布泊地区之前。法显来到这里时，对这片土地的印象十分糟糕。他以为这片沙河中有恶鬼、热风，遇上了就没命，上无飞鸟，下无走兽，只能以死人枯骨为标识，

180

毫无生命气息。在法显之前的行路人，不少都葬身于此地，而法显也只能凭借他们的遗骸来辨清方向。

玄奘也曾有过类似的可怖经历。《大唐西域记》记载，从此东行进入大流沙，沙流漫漫，聚散随风，人行无迹，遂多迷路。四顾只有一片茫茫，只能以先人留下的遗骸作为标记来认路。玄奘口中的"纳缚波故国"，已经成为塔克拉玛干沙漠的一部分，早已看不见王恢、傅介子、李柏诸人的身影了。

楼兰古城遗址

楼兰古城遗址在罗布泊西北，今新疆若羌县境内。城址附近有大片枯死倒地的胡杨树与纵横交错的古河道。

古城城址呈现出不规则的方形，城周1300余米。城墙的筑法与敦煌附近的汉长城的筑法相似，也是以泥土和砂石为主体，混杂以红柳、胡杨等植物。

在古城内东侧，有一残高约10米的佛塔，应该就是楼兰古城的中心建筑。佛塔塔身用土坯、木料和柳条垒砌而成，塔基为方形，边长19.5米。塔基附近还有一大片建筑遗址，出土了许多雕饰精美的木料和木质佛像。另有用土坯垒砌的"三间房"，坐北朝南，东西两端房屋均为木结构，为官署所在地。

此外，遗址出土了大量厚陶缸片、残破木桶、耳环等饰物，以及汉文、佉卢文木简残片，汉五铢钱、贵霜王朝钱币、唐代钱币等。

"三间房"

李柏文书第一稿

183

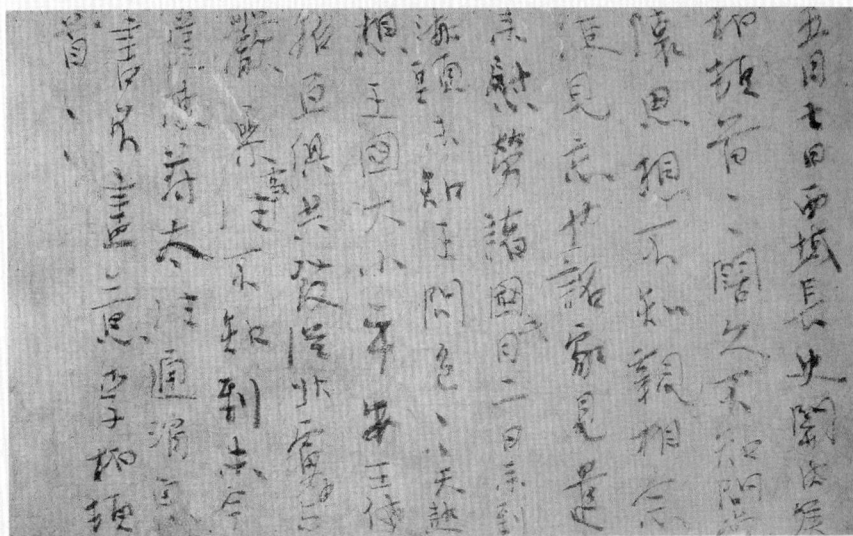
李柏文书第二稿

　　李柏文书共有三件，为信文三稿，现存日本京都龙谷大学图书馆。三件书法风格质朴自然，与同时期的南方东晋华美的书法风格相异。第二稿文字为："五月七日，西域长史、关内侯柏顿首顿首。阔久不知问，常怀思想，不知亲相念便见忘也。诏家见遣，来慰劳诸国。此月二日来到海头，未知王问，邑邑！天热，想王国大小平安。王使□□俱共发，从北房中与严参事往，不知到未。今遣使苻大往通消息，书不尽意。李柏顿首顿首。"

184

若羌县米兰古城遗址（楼兰国）

地址：若羌县城东约80千米，米兰镇36兵
团团部以东约7千米
交通：坐出租车或自驾前往
门票：向文物局申请并缴费
文保等级：全国重点文物保护单位
推荐评级：★★★★

傅介子杀尝归王后，原楼兰国的王位落到了尝归之弟尉屠耆手里。然而，尝归的两个儿子尚在楼兰，既背负着父亲被杀之仇，又忍受着失去王位之恨。双重仇恨之下，谁知道他们会做出什么。尉屠耆不由得担心起来。自己虽然当上了楼兰王，但毕竟实力有限，一旦尝归之子在做好充足准备后对己复仇，后果不堪设想。

尉屠耆深受困扰，不得安宁。不过他转念一想：既然之前傅介子杀尝归时自己立了大功，自己当上鄯善王，背后也是汉廷的旨意，那为何不向这个强有力的后台求助？遂请求汉昭帝：国中有一座城名为伊循，土地肥美，希望汉廷派遣一位将军前来屯田积谷，我也得以有所依靠。汉昭帝应允，派出了司马一人、吏士四十人，前往鄯善国伊循城。这下尉屠耆放心多了。

屯田就是让驻守西域的将士们自己在驻守之地耕地种粮食，战时为军士，平时为农人。伊循城的屯田一直延续到400年后的魏晋时期，而这个政策最早是汉昭帝时的桑弘羊提出来的。

千百年光阴流转，伊循城的命运与楼兰城相仿，也已掩身于漫漫黄沙之中。只有在如今新疆若羌县的米兰古城，尚可一窥伊循城这一汉时屯田重镇的残影。而让米兰古城震惊世界的，并不是尉屠耆与屯田的故事，而是斯坦因发现的有翼天使壁画：他黑发深目，带着让人捉摸不透的微笑，羽翼在身后张开。

斯坦因取下这幅壁画，带回了英国。有翼天使如今安身于伦敦的大英博物馆。有学者认为，这幅米兰古城的有翼天使可能是受大夏的希腊化时期艺术的影响。而在1989年，新疆文物考古所又在米兰古城的佛寺遗址中发现了两幅有翼天使壁画，不同的是，这两位天使的羽翼是黑色的。白色羽翼与黑色羽翼，谜上加谜，还没有人能说清这里面的种种幽微之处。说不定，千百年前屯田戍守于伊循城的将士，也曾像今人一般，迷恋于有翼天使的光宇。

有翼天使

米兰古城

米兰古城遗址位于今新疆塔里木盆地东南端，若羌县城东约40千米处。阿尔金山北麓的米兰城，北依罗布荒漠，南临米兰河，向东便能通向敦煌。

土丘之上的米兰古城呈长方形，东西长60至70米，南北宽30米，外围是沙石滩与古米兰河滩。城内地势平坦，分布有东西排列的半地穴式长方形房屋。城外东西有多处佛寺、佛塔，东西绵延约4千米。正是在城西南佛塔群里的一座寺院中，斯坦因曾站在一个佛塔的回廊里，震慑于发掘出来的有翼天使壁画。

唐代吐蕃古戍堡遗址

　　1973 年，新疆考古工作者曾在米兰古河道边发掘出唐代吐蕃古戍堡遗址，为吐蕃占据米兰故地的实物证据。古戍堡南北宽约 56 米，东西长约 70 米，呈不规则正方形。城垣为夯土筑，夯土层中夹有红柳枝，夯土层上用土坯砌成，西墙有两段宽达 5—6 米的缺口，可能是古戍堡城门。构造形式类似西藏布达拉宫。堡东部为一大型房屋，南部为一高近 13 米的土台，土台上立有杆，似为烽火台。

沙漠绿洲的生活

　　民丰县位于新疆维吾尔自治区和田地区东部，地处昆仑山北麓、塔克拉玛干沙漠南缘。相比周围的若羌、且末、于田等县，民丰县面积不是最大，名气也不是最响，但自有特色。

　　沙漠公路是沙漠地区彼此连通并与外界沟通的命脉，民丰便是这条纵贯塔克拉玛干沙漠的公路的南部起点。执着于沙漠景观的朋友可以选择这条路自驾，深入塔克拉玛干沙漠腹地。为了防止流沙淹没道路，路两旁安置了起到固沙作用的芦苇栅栏，也构成了无处再寻的独特景观。各式各样大小不一的沙丘、一望无际的荒漠、绵延的芦苇栅栏、单棵屹立或成片坚守的胡杨、风起时能见度甚至不足一米的沙暴，都可以满足你对沙漠的想象。

　　就算在民丰县城，沙漠也时刻提醒你它的存在。路上与餐桌上常有沙，鞋底常感觉到沙，还可能会有沙尘暴。你可在民丰县城中随意感受维吾尔族的生活，尝试维吾尔族餐馆的烤肉和拌面（也叫拉条子）。有兴趣还可逛逛农贸市场。如果时间凑巧，还可能遇上当地组织的文艺表演，体会维吾尔族歌舞艺术的精美曼妙。

生活在沙漠绿洲，沙自然是常客，神奇的是沙漠也为此地居民准备了可口的鲜鱼——距离民丰县城约40千米，有一片沙漠中的"鱼湖"，在维吾尔语中她被叫作"比勒克力克"，意为有鱼的地方。鱼湖呈弯月状，由5个小湖组成，总长20余千米。对于民丰县居民而言，这是珍贵的水产基地，鱼湖湖水清澈，鱼群清晰可见，鸟类也乐于在此停留。对于游人而言，沙漠中的秀美水景也不容错过。

如果对南疆地区穆斯林的宗教生活感兴趣，民丰大麻扎值得一去。大麻扎本名伊玛目·加法尔·萨迪克麻扎，位于尼雅乡喀帕克阿斯干村北约5千米处，被称为"穷人的麦加"，意为穷人虽然由于财力所限无法亲自去麦加，但来这里朝圣就相当于去了麦加朝圣，由此可见大麻扎的影响力。从民丰县城顺着尼雅河向

民丰县

191

北行驶 80 余千米即可到达大麻扎，就在尼雅河断流处附近，掩映在胡杨林中。据说来此地朝圣的穆斯林无论贫富，都会将自己带来的食物放入麻扎圣餐房的一口巨大的铜锅中，大家一起分享。在参观过程中请注意衣着，不要随意拍照摄像。

　　如果体验了民丰县城的生活还不满足，意图探究沙漠中的农村生活风貌，那不妨前往牙通古孜村。"牙通古孜"在维吾尔语中意为"野猪出没的地方"，只是结合如今的环境有些难以理解这个名字，也许这里曾有森林。在沙漠公路开通之前，这个距离民丰县城约 150 千米、被誉为"沙漠第一村"的维吾尔族小村几乎不为人所知，直到公路开通后，村民只需走 18 千米便可抵达公路，虽然 18 千米不算短，骆驼一天大概只能走 20 千米，但与之前相比已是大有改观，牙通古孜村这才真正融入了村外的世界。如今村民种植哈密瓜、西瓜、棉花、玉米等，民风淳朴，拜访时虽然可能语言不通，但一定要带好微笑与善意。

牙通古孜村

民丰县尼雅古城遗址（精绝国）

地址：民丰县北约180千米
交通：坐出租车或自驾前往
门票：向文物局申请并缴费
文保等级：全国重点文物保护单位
推荐评级：★ ★ ★ ★

与斯文·赫定发现楼兰古城相仿，斯坦因发现尼雅古城，也是一次意外。

1901年初，斯坦因来到了今新疆民丰境内的尼雅地区。在一场巴扎（集市）上，他雇用的驮夫敏锐地发现，巴扎上的一个农民拿着两块写有文字的小木板，而这种文字则没人读得懂。斯坦因曾接受过系统的古代语言学训练，他认出来这上面的奇妙文字正是自己之前稍有了解的佉卢文。斯坦因立即决定前往出土小木板的沙漠一探究竟。

佉卢文最早出现于公元前 3 世纪的印度孔雀王朝阿育王时代，是印度西北部的一种方言，后来流传在巴基斯坦北部与阿富汗等地，又向东、向北传到了西域。其实，与佉卢文相关的文物，从如今的和田地区到若羌地区都有所发现，而聚集最多佉卢文资料的地方，还要数尼雅古城遗址。在进入古城遗址的第一天，斯坦因就收获了超过两百件佉卢文文书。深居塔克拉玛干沙漠腹地的尼雅古城，终于再次走进了人们的视线。

　　然而，这个被斯坦因誉为"东方庞贝"的古城，究竟属于哪个国家？王国维曾在《流沙坠简》中提出："尼雅废墟，斯氏以为之精绝国。"精绝国是西汉时期的西域三十六国之一，王国维以为尼雅古城是精绝国故地。而斯坦因第四次到尼雅遗址调查时，发现了 26 枚汉文木简，其中就有一枚写着"汉精绝王承书从……"七字，证实了猜想。

　　《汉书·西域传》记载，精绝国都城为精绝城，离长安 8820 里。整整一个绿洲国，有 480 户人家，人口不过 3360 人，胜兵不过 500 人，精绝都尉、左右将、译长各一人。后汉后期，东边的鄯善国崛起时，小国寡民的精绝国也就被鄯善国兼并。公元 492 年，南朝齐派出的使者江景玄出使丁零，途径鄯善国。江景玄所见到的鄯善国，已经在丁零的攻击下人烟散尽了。鄯善退出之后，精绝城的权力真空就被西边的邻国于阗填满。玄奘东归长安时，走的是丝路南道，经过了位于精绝故地的尼壤城——瞿萨旦那国（即于阗国）在东方边境的关防所在地，这座城市据守着茫茫大漠中唯一的通路。此后这座城池遭到废弃，原因至今仍是一个谜。

尼雅古城遗址

尼雅古城遗址

　　尼雅古城遗址位于昆仑山北麓，今新疆民丰县尼雅河北端以北塔克拉玛干沙漠中。1901年由斯坦因发现。

　　居住遗址分南北两部分。南部范围较小，有房屋数十幢，分布在一条干涸河道的东西两侧；北部范围较大，有房屋数百幢，分布于东西长约10千米、南北宽约2千米的地带。最宽敞的房屋与寺院建筑都在北部。在房屋遗迹中出土有五铢钱、染色的丝、毛织物、食剩的牛羊骨骼以及麦、燕麦、糜谷等粮食，以及数以百计的汉文简牍和佉卢文简牍，内容有公文、指令、书信、契约、账簿记录等。

196

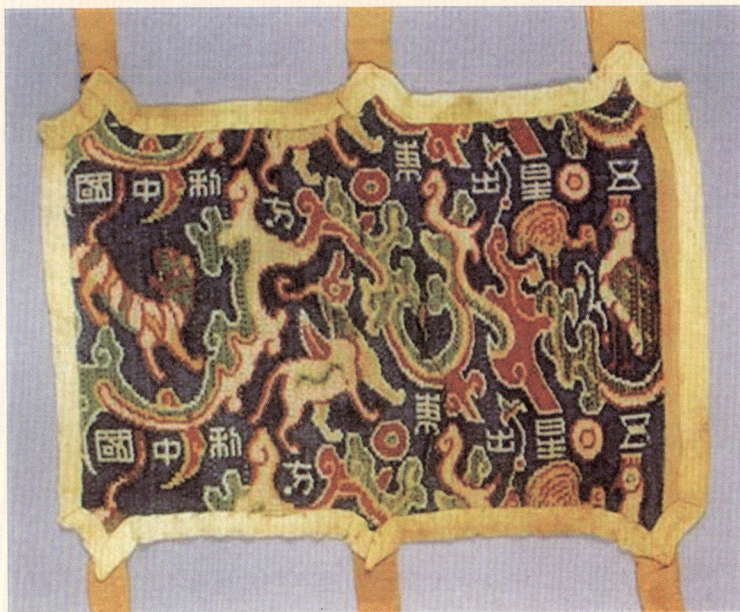

"五星出东方利中国"彩色织锦

　　距尼雅居住遗址北部以北约 2 千米处为墓地。1995 年 10 月，中国日本尼雅遗址学术考察队成员在一处东汉合葬墓中发现"五星出东方利中国"彩色织锦，关于织锦上文字与图案的含义，至今仍有争议。

玉石之都

　　说到和田，相信大部分人首先想到的便是和田玉。和田，这座位于新疆西南部塔克拉玛干沙漠南缘的城市凭借三样特产保留着于阗古国的繁华旧影：玉石，地毯，艾德莱斯丝绸，最有名的是玉石。玉石来自和田河，和田河有两个源流——喀拉喀什河与玉龙喀什河，喀拉喀什河因出产墨玉，又名墨玉河，玉龙喀什河出产白玉，又名白玉河，两条河在和田市以北约 200 千米的地方汇合，是为和田河。如今和田玉闻名遐迩，玉石开采早已形成规模，甚至有过度开采的嫌疑，因此在和田河畔步行便能找到美玉的可能性不大，但体验一次也无妨。美玉也许捡不到，但可以带回独一无二的纪念品。

　　除了玉石，地毯也是和田走向国际的一张名片。和田羊毛的纤维粗细适中，非常适合用来制作柔软、有弹性、光泽度好又防潮防腐的地毯。地毯图案则以植物纹样、动物、几何纹理为主。

位于和田市区纳瓦格路 6 号的和田地毯厂对游客开放参观，在讲解员的介绍帮助下，你可以看到地毯制作工艺的各个环节与织毯工人的工作情况。

如果想带回一些和田特产，可以选择去逛巴扎，也就是当地维吾尔族人的集市。位于和田市台北路的艾缇卡大巴扎颇具规模，食物、干果、布料、手工制品等云集于此，包括色泽艳丽、图案丰富的维吾尔族特色丝绸——艾德莱斯丝绸。逛得累了可以买大而薄的馕饼补充体力，喝石榴汁，品尝个大皮薄、甜而不腻的和田玉枣。对和田玉感兴趣的朋友也可以去逛位于玉龙喀什河东岸的玉石巴扎，只是要注意甄别玉石质量，不要轻信一些别有用心之人的推销。

于田县的玫瑰巴扎也颇具特色。于田县大规模种植玫瑰，由玫瑰巴扎集中售卖玫瑰与玫瑰制品，由于玫瑰花期的原因售卖只在每年 5 月举行。如果有幸步入这片玫瑰海洋，不妨尝试一下玫瑰花茶、玫瑰果酱、玫瑰精油等制品。巴扎上也会售卖维吾尔族特色服饰，其中包括于田县的名为"太力拜克"的有趣小帽，它的个头很小，仿佛一个小酒盅，据信是世界上最小的帽子。于田县的维吾尔族妇女常常先在头上披纱巾，再在纱巾上扣上这种小帽，看上去非常别致。逛巴扎时一方面要注意保管自身财物，另一方面要尊重地方习俗，如果不想买就不要讲价，讲价了可能就不得不买下。

玉石巴扎

和田河

和田县约特干遗址（于阗国）

地址：和田县西约10千米处的巴格其镇艾
　　　拉曼村境内
交通：坐出租车或自驾前往
门票：15元
文保等级：自治区级重点文物保护单位
推荐评级：★★★

　　王莽殒命、中原内乱之时，汉廷派出的掌管西域
事务的官员——西域都护李崇殁于西域，自此西域不
通中原。匈奴卷土重来，统属了汉时丝路北道的诸国。
而在南道，于阗国以西的莎车国则试图乘虚而入，称
霸丝路南道。面对莎车王贤的骄横跋扈，于阗没有屈
服，而是与之抗衡了数年之久。最后，于阗的广德王
攻败莎车王贤。从此，于阗雄张南道，从精绝西北至

疏勒，十三个绿洲国皆服从于阗。

于阗故地，大致在今新疆和田。"和田"是清代出现的译音，清以前的文献多作"于阗"。在河南安阳的殷墟，曾经出土和田玉，这说明来自西域绿洲国的珍宝早在商朝便经由某种途径来到了中原。

"于阗"一名最早出现应是在《史记·大宛列传》中，这是张骞在向汉武帝汇报西行见闻时，描述大宛的语句，说西域三十六国之一的于阗国就在大宛的东面。《汉书·西域传》同样记载了于阗国的基本情况：于阗国国都为西城，离长安 9670 里。有户 3300，人口 19300，胜兵 2400 人，辅国侯、左右将、左右骑君、东西城长、译长各一人。当时的人们还认为地处昆仑山北麓的于阗国是黄河的源头，"河源出焉"。

于阗建国大约在公元前 3 世纪。丝路南道一开，就算是远居塔里木盆地西半边的于阗国，也感受到了从中原吹来的风。仿照中原王朝，于阗国建立起一套统治机构。货币也出现了，钱文用佉卢文、汉文两种文字，也即"汉佉二体钱"。

于阗对付得了莎车，却对付不了骑在马背上驰骋的匈奴骑兵，又是乞降，又是将王子给匈奴送去当人质，还要贡给匈奴毛织物"罽絮"。身为亲汉的绿洲国，此时所能求助的对象，自然也是汉朝。公元 45 年，莎车、于阗、鄯善、车师前部等 18 国国王遣子入侍，"西域思汉威德，咸乐内属"，请求光武帝刘秀复置都护，守卫亲汉绿洲国的安全。东汉建立不久，国力未富，在这种情况下再去接管西域绿洲国的事务，光武帝自觉力不从心，辞而未许，这等于是对匈奴妥协了。欲求汉助而不得的绿洲国，只得听凭匈奴横行。直到明帝刘庄继位，东汉政府开始反击匈奴。公元73年，窦固、耿秉等率12000骑兵出酒泉，一路西行至天山东部，打败了匈奴的呼衍王。之后，窦固遂派出手下的班超，让其率领36勇士出使西域，让鄯善、于阗、疏勒等国先后归顺东汉，从西汉末年开始便断裂的丝路南道重又通畅了。

1896年，斯文·赫定来到此处，取走500余件文物，其中的基督教金币、十字架和一块金牌备受关注。1900年、1906年，斯坦因两次来到此处，获取大量文物。斯坦因认为，位于今天的新疆和田县的约特干遗址，就是于阗国国都。

约特干遗址

约特干遗址位于新疆维吾尔自治区和田市城西约 10 千米，总面积约 10 平方千米。"约特干"一词在维吾尔语中有三种解释：一为"雅特干"之音转，意为躺着，因其中有墓葬；二为被子，因泥土像被子一样覆盖着古迹；三为"约儿特汗"之音转，意为王者之乡。

遗址的文化层被掩埋在地下约 3 至 6 米的洪积层下。出土文物主要有陶俑、陶片、古钱、玻璃片、珠子、金质铸像、金片、画匣、玉块、骨头等，其中古钱类别有汉佉二体钱、五铢钱、唐钱、宋钱和喀喇汗朝无孔铁钱等。

和田县丹丹乌里克遗址（于阗国）

地址：策勒县达玛沟乡以北90千米处
交通：坐出租车或自驾前往
门票：向文物局申请并缴费
文保等级：全国重点文物保护单位
推荐评级：★★★★

　　沙漠寻宝客斯坦因，曾来过丹丹乌里克遗址。在他的行路指南之一《大唐西域记》中，于阗国被称为"瞿萨旦那"。

　　《大唐西域记》记载，玄奘在瞿萨旦那逗留时，曾听到当地"鼠壤坟"的传说：在沙碛中，有一只体型很大的鼠，毛发呈金银异色，为鼠之酋长。每次鼠王出穴，群鼠都会跟从。在匈奴率领数十万兵力前来侵犯时，国王和大臣走投无路，向传闻中神奇的鼠王求救。鼠王不计较之前国王的冷落，于夜半时分进入国王的梦境，要国王早早治兵，鼠群将与瞿萨旦那的将士一同作战。国王整顿戎马，召集将士，长驱掩袭。在夜色的掩护下，瞿萨旦那的军队迅速赶到了匈奴暂时屯军的鼠坟附近。匈奴刚想披上盔甲、骑上战马迎战，没想到所有的马鞍、人服、弓弦、甲链，都早已被鼠群啮断咬坏了。瞿萨旦那获胜后，深感鼠王厚恩，为鼠王建祠设祭，上自君王，下自庶民，纷纷祀祭鼠王，以求福佑。若无享祭，则逢灾变。

于阗人对游牧民族入侵的记忆如此深刻，使得这个传说的魔力如此长久，以至于当斯坦因来到这座"鼠壤坟"时，他发现当地居民依然在膜拜这个"圣地"。

1900 年，就在丹丹乌里克遗址，斯坦因发现了两幅奇妙的壁画。其中一幅是"公主传蚕图"。上古时期，中原人便掌握了丝绸的生产方法，但这个方法是严格保密的，绝对不能带出中原，因此只有中原人才能制出质量上乘的丝绸。一位中原的公主远嫁于阗时，在于阗人的请求下，公主违背了保密的命令，冒险将蚕茧藏在了自己厚厚的发髻中，这才将丝绸工艺带入于阗。另外一幅是"鼠神图"。对照《大唐西域记》，斯坦因确认这幅壁画所描绘的，正是"鼠壤坟"的传说。

魏晋南北朝不仅是于阗国在疆域上继续扩张的时期，亦是佛教在于阗国的全盛时期。国王上行，在斋

206

日亲自洒扫馈食，民众下效，寺塔僧尼甚众。

佛法沿丝路东传，中原的节奏总是比西域慢半拍。对于不满足于中原佛经的僧人而言，天竺遥远难行，若无条件远赴天竺，也可以考虑赴西域求法。三国时，魏国的僧人朱士行西行求法，来到于阗，就在这里获得了著名的《放光般若经》。也许是此地佛教的兴盛景象深深吸引了朱士行，他竟最终未曾回到中原，而在于阗圆寂。

法显也曾来到于阗。据他所言，于阗国人民殷盛，尽皆崇尚佛法，众僧有数万人，多大乘学，皆由民众供养。民众家家门前建起小塔，最小的塔也有二丈多高，作四方僧房，供给客僧。法显还曾见过于阗王带头组织的行像活动，为了迎接佛像，国王不仅要脱下王冠，换上新衣，还要赤足行走，手持华香。这个盛大的仪式可以进行整整14天，国王和王后尽在宫外，直到仪式结束后才会回宫。

大漠佛国于阗，经过千百年风沙吹打，留下了丹丹乌里克遗址。在如今位于和田东北部塔克拉玛干沙漠深处的丹丹乌里克遗址，大部分建筑遗迹都是佛教寺院。

玄奘西行时，走的是塔里木盆地北缘的路线，并没有经过于阗。而在东归的路上，玄奘走的是塔里木盆地南缘的路线，遂到达于阗。这时的于阗给玄奘的印象安宁祥和: 气序和畅,民众知礼义,性格温恭好学,编户安业, 热爱歌舞。伽蓝有 100 余所, 僧徒 5000 余人, 多学习大乘。玄奘看到的佛国, 其实已经开始走下坡路了。佛教在于阗的全盛期不是唐朝, 而是魏晋南北朝, 于阗也是在这时兼并了邻近的绿洲小国。此后, 柔然、嚈哒、突厥等游牧民族相继控制了于阗。

隋朝建国后, 于阗王族尉迟氏屡次派出使者朝贡隋廷。632 年, 于阗遣子入侍唐朝, 显然是视唐朝为强有力的归属。647 年, 唐太宗派兵讨伐龟兹国, 于阗王伏阇信派儿子给唐军赠送了 300 峰骆驼, 战争结束后又前往朝见唐太宗。在唐太宗的陵墓昭陵中, 有 14 国首领的石像, 其中之一就是伏阇信。"安史之乱"后, 于阗陷于吐蕃之手。

自从怛罗斯之战之后, 唐朝势力退出中亚, 阿拉伯帝国的势力范围则愈发广大, 直至葱岭。于阗佛教文化也逐渐衰微。在如今的和田, 有些著名的伊斯兰教圣人麻扎, 就建筑在佛寺的废墟之上。而丹丹乌里克遗址, 是佛国于阗珍贵的残影。

和田县丹丹乌里克遗址（鼠神图）

丹丹乌里克遗址位于今新疆塔克拉玛干沙漠中，东南距和田城约120千米，西距和田河75千米，东距克里雅河35千米。

遗址南北长约2千米，东西宽约1千米，尚存许多建筑物，大部分是佛教寺庙。城墙夯筑残高3米左右，西、南墙保存较好，西、北残墙外侧有马面，北墙中段存城楼遗迹。

和田县丹丹乌里克遗址

公主传蚕图

1896 年，斯文·赫定在穿越塔克拉玛干沙漠时偶然发现此处遗址。1900 年，斯坦因根据斯文·赫定的记载找到了此处遗址，并进行了挖掘，收获颇丰，其中包括一些引人注目的寺院木版画。此后，美国学者亨廷顿和德国的特林克勒探险队分别在 1905 年、1928 年来到丹丹乌里克遗址。

1998 年，瑞士人鲍默领导的中瑞探险队找到并发掘了遗址，丹丹乌里克遗址再次成为学术焦点之一。根据研究，丹丹乌里克遗址在唐时的本名应是"杰谢"，为唐朝设置的镇。

寻访帕米尔高原

　　塔什库尔干塔吉克自治县位于新疆维吾尔自治区西南部、帕米尔高原东南部，西北与塔吉克斯坦接壤，西南与阿富汗接壤，南部与巴基斯坦接壤。由于是边防要地，要想进入塔县旅游，需要先在喀什办理边境管理区通行证。

　　这座海拔超过 3000 米的"石头城"，是塔吉克族的聚居地，约百分之六十的塔吉克人都在此地生活。塔吉克族属于印欧人种，肤白，高鼻深目，善骑猎。三孔鹰笛是他们的传统乐器，由鹰翅骨做成，可以想象得到这个民族与天空有多么亲密。塔县县城不大，约 10 平方千米，步行一小时左右可以走完，四面被雪山环抱，整体感觉平静悠然，如果说这里曾发生过扣人心弦的故事，那可能就是《冰山上的来客》了。

　　塔县县城附近除了石头城，还有一处名为"阿拉尔金草滩"的景致。"阿拉尔"是草滩乡村的名字，塔什库尔干河流经这里，水草丰美，牛羊成群，蓝天与雪山相映，草滩上点缀着白色的牧人毡包。在阳光照射下，本是绿色的草滩闪耀着金光，因此有了"金草滩"的美称。如果你在塔县县城停留，不妨在日出或日落时分前往金草滩，朝看塔县县城周围的雪山被涂抹成金色，暮看画卷一般的金草滩，反之亦可，那时你就会理解为何在这片高原上总能诞生美丽的传说了。

离开塔县县城，乐于挑战更高海拔、更冷气候与长途跋涉的朋友不妨选择前去慕士塔格冰川公园。冰川公园入口的海拔就已超过 4000 米。慕士塔格峰终年积雪覆盖，虽然海拔较高但不算难以攀爬，较为平缓的西坡是传统的登山路线。近距离接触冰川的体验值得付出一些辛苦的代价，冰锥、冰洞、冰塔千姿百态，质地晶莹纯净。在冰川脚下的喀拉库勒湖边可以露营，可以看到包括慕士塔格峰在内的"昆仑三雄"的倒影，明月高悬于冰山之上的迷人夜景，以及慕士塔格峰的日出。

再向边界进发，便来到以其高海拔与危险程度而闻名的边防口岸——红其拉甫口岸。这里是连接巴基斯坦的陆路口岸，海拔约 5000 米，风力强劲，氧气稀薄，专为最有勇气的人准备。中巴 7 号界碑曾一度是很受欢迎的留影点。由于边防性质与艰险的自然环境，不建议游客自行前往，可驾车在附近远望国门。

塔县金草滩

红其拉甫口岸

塔什库尔干公主堡（蒲犁国）

地址：塔什库尔干县城以南70千米的卡其拉峡谷中

交通：坐出租车或自驾前往

门票：免费

文保等级：自治区级重点文物保护单位

推荐评级：★★★

塔什库尔干石头城（蒲犁国）

地址：塔什库尔干县城北侧约200米

交通：坐出租车或自驾前往，或从塔什库尔干县城步行前往

门票：30元

文保等级：全国重点文物保护单位

推荐评级：★★★★

《大唐西域记》中记载的，不仅有玄奘的亲身经

历，也有道听途说的神奇传闻；既有谨慎精确的回忆，也有富于妙趣与异域风情的传说——除了瞿萨旦那国的传蚕公主、鼠王的传说，揭盘陀国公主堡的"汉日天种"传说也是一例，这个传说现在还存留在塔吉克族的集体记忆里。

相传帕米尔高原以西，有一个名为波利斯的古国，国王决定与中国皇帝结亲，娶一位汉族公主。迎亲的队伍保护着公主，一路向西返回波利斯，谁料走到塔什库尔干时，附近爆发了战争。迎亲的队伍决定暂时就地停下，直到战火平息。

整整三个月后，战争终告结束，正当一行人要重新出发向西，使臣却惊讶地发现，一直在众人的保护下住在山巅的公主竟然怀孕了，这可如何向国王交代？使臣们都发了愁。公主的侍儿劝他们道：你们不要再相互责怪了，这是"神会"。每天中午，都有一位男子从太阳中骑马到山顶，与公主相会。使臣们眼见难以洗脱罪名，回国肯定性命难保，而在国外还可以过一天是一天，索性决定就留在塔什库尔干不走了。他们在石峰上筑宫起馆，周长300余步。环绕宫殿又建立起城市，推公主作首领。

公主后来生下了一个男孩，"容貌妍丽"，仪表非凡，由母亲摄政。这个孩子长大后，就显露出非同寻常的一面，能够"飞行虚空，驾驭风云"。建国之后，由于他的贤德，邻城异国莫不称臣。他去世后，就葬在此城东南百余里的大山岩石室中。玄奘声称，他的尸体"今犹不坏""俨然如睡"，公主的后人代代生息。由于王的母亲是汉族公主，父亲则是"日天之种"，因此这些后代子孙在追溯身份之时，会自称"汉日天种"。王族"貌同中国"而"身衣胡服"，在塔吉克族的认同中，这个王族就是自己的先民。

公主堡位于今新疆塔什库尔干县城以南约 70 千米的明铁盖，塔什库尔干县全称"塔什库尔干塔吉克自治县"，是塔吉克族的主要聚居地。在塔吉克语中，"塔什库尔干"的意思便是"石头城"。在这座石头城上，曾经建立了汉代的西域三十六国之一的蒲犁国，即玄奘口中的西域揭盘陀国。蒲犁国之小，甚至没有自己的耕地，还需要"寄田莎车"，问莎车国借耕地来用。魏晋时期，蒲犁国被北方的疏勒国兼并，南北朝时期又落入嚈哒人手中。唐代重新统一西域，唐玄宗曾在此地设置守捉。

所谓"守捉"，是唐代戍边军队编制中较小的那一类。如果是一支规模较大的戍边军队，那么就会被称为"军"。在揭盘陀国的故地建立葱岭守捉之时，原来的揭盘陀国国王裴星早已带着一部分子民离开了家园，前去归附吐蕃，揭盘陀国就此灭亡。此时距离玄奘经过揭盘陀国并且记住公主堡的传说，也不过过去了七八十年。

葱岭守捉，应是安西都护府最西边的戍守点，也意味着唐朝的势力已经顺着丝绸之路穿越了整个西域，进入中亚，葱岭守捉便是唐朝面对中亚的战略要冲。从此地向南，可以到达印度河流域，向西则可到达伊朗高原各地，此地也就成了这条通路上的枢纽，直到唐退出中亚。

公元751年的怛罗斯之战，常常被人们视为唐朝在西边的势力范围内缩的开端。不妨将这场战争看作两大帝国的一次正面交锋——东亚的唐帝国与阿拉伯帝国。

公元750年，唐朝的安西四镇节度使高仙芝西行征讨石国，即今天乌兹别克斯坦的塔什干一带。石国国王约降，却为高仙芝斩杀，国王的部众成为高仙芝的俘虏，财产则尽数归高仙芝所有。石国王子西逃至游牧民族的势力范围，尽言高仙芝之嚣张跋扈，请求出兵相助复仇之事。诸胡被石国王子说动了，遂潜引大食，欲共攻安西四镇。公元751年，高仙芝闻讯，遂率领蕃汉3万兵力向西迎击大食，双方在怛罗斯相遇。这场遭遇，可谓针尖对麦芒。如果不是因为随行的葛逻禄部叛变，这场战争可能不会这么快就结束——在两军相持了5日之后，葛逻禄部转而与大食夹击唐军。祸乱从内部起，高仙芝根本来不及应付，这场对垒也就转变成了对唐军的屠杀。最后，士卒所余才数千人，高仙芝侥幸得以逃生。随行高仙芝军队的唐代工匠大量被俘，也成了唐代技术西传的一个契机。

塔什库尔干石头城

公主堡

公主堡位于今新疆塔什库尔干县城以南约70千米的明铁盖。这座城堡依山而筑，正面的墙面倾斜，是用石头砌成的；西墙则是用黄土筑成的；除了南面和北面的碎石坡，其余各面均为陡壁，整个城堡看上去凛然不可侵。登临海拔有4000米的古堡，便能眺望古堡脚下的塔什库尔干河，与连绵不绝直到天际的沙海，别有一番天地。让玄奘印象深刻的"汉日天种"的传说，便发生在这里。

石头城

石头城位于今新疆塔什库尔干县城的东北角，"塔什库尔干"（意为"石头城"）这一县名即得于这座石头城，为汉蒲犁国与唐葱岭守捉故地。现存遗址由大城和小城组成。大城周长有1千米左右，北墙尚可看到城垣、墙面、女墙的痕迹，其他几面只剩巨石。小城位于大城的东北角，保存较为完好，这是因为小城建在一座孤立的石岗之上，城墙从石冈的底部筑起，城内的地面即为山冈的顶部。小城城墙高20余米，以巨大的块石打底，用牛羊粪、草皮、石块、黄土分层垒筑而成。

丝绸之路中段中道

汉时丝绸之路，分道于楼兰，南道经鄯善、于阗、皮山、莎车等国，北道则经交河、渠犁、焉耆、龟兹、疏勒等国。随着之后天山以北的"草原之路"的开辟，汉时丝路的北道，也就成为唐时丝路的中道。随着之后天山以北的"草原之路"的开辟，汉时丝路的北道，也就成为唐时丝路的中道。

中道诸国，位于塔里木盆地的北缘，在天山以南、塔克拉玛干沙漠以北。相比南道诸国，中道诸国更易受到北方游牧民族的侵扰，焉耆、龟兹等国更是屡次成为与中原王朝对抗的据点，中道上还有一个汉文化的据点，那便是从西汉时小小的屯戍区发展起来的大国——高昌国。而在南北朝时期'河西五凉政权及其残余势力，也曾对中道诸国产生过深远的影响。

在丝绸之路中段中道'交河故城、高昌故城遗址规模宏大'展现了幅员较广的西域绿洲国的气势；柏孜克里千佛洞、克孜尔石窟、莫尔佛塔遗址等'则是佛教文化在这条丝路分支上的表达；博格达沁古城、克孜尔尕哈烽燧、盘橐城'见证了中原王朝经营这条丝路分支的努力；还有独特的营盘遗址'在城墙建设上显示出来自西方的特征。

炎热的瓜果天堂

吐鲁番有一种激烈的气质。作为新疆的热门旅游目的地，这座位于天山南麓、吐鲁番盆地北部的城市，由于得天独厚的干燥气候条件而非常适合保存文物，因此被誉为世界上最大的露天博物馆，车师、匈奴、高昌、高昌回鹘等政权的历史都在这里封存，佛教、祆教、伊斯兰教的发展都在这里得到证明。在位于吐鲁番市市中心的吐鲁番博物馆，出土文书、干尸、各国古钱币等都有专门的展厅。

这里气候干极，天气热极，瓜果甜极，无论哪个方面都让人难以忘怀。

如果你在 6 月开始的炎热夏季前来，让唐僧师徒四人一度束手无策的火焰山将向你展现吐鲁番的极热景象。景区内放置着一个巨大的温度计，样子设计为孙悟空的金箍棒，传达出实时温度数据。这里的夏季最高气温接近 50 摄氏度，地表温度可达 70 摄氏度以上，可以在沙堆中烤熟鸡蛋。不过由于火焰山体积不小，长 100 余千米，最宽的地方可达 10 千米，因此即便不进入景区，驱车在远处就能看到，那座山体呈现出橘红与棕红色、寸草不生、伴有密集的条条沟壑如同蛰伏在地的火龙的大山。

如果你自觉吃不消夏日火焰山的热情，则可以选择在秋日瓜果成熟上市之时前来。位于吐鲁番市市区东北约 11 千米的葡萄沟，本来是火焰山下的一处峡谷，得益于高山融水的馈赠，让吐鲁番这个"火洲"有了一条结满了各种品种的葡萄的绿沟。高大的葡萄长廊被葡萄涂满深浅不一的绿色。在阳光照耀下，葡萄晶莹仿若透明，梦幻而甜蜜，非常适合追求浪漫的朋友。在农户家品尝葡萄时还可观看维吾尔族歌舞表演，如果表演者请你一同上台，也请不要害羞，一起享受这一刻的欢乐。

吐鲁番的食物非常丰富，常见的主食有手抓饭、馕、拌面（也叫拉条子）等，名菜则有大盘鸡、烤全羊等。流行的饮品有发源于俄罗斯的卡瓦斯（也叫格瓦斯），与啤酒相似。如果在手抓饭上洒上当地出产的无核葡萄干、杏干或者其他果干，会让这顿饭的口感更为丰富。夜深想念美食时，不妨去逛逛吐鲁番市中心的夜市。

葡萄沟

火焰山

吐鲁番交河故城遗址（车师国）

地址：吐鲁番城区以西10千米雅尔乃孜乡
交通：坐出租车或自驾前往
门票：40元
文保等级：世界遗产
推荐评级：★★★★★

　　卫青、霍去病通河西，将匈奴赶回北方后，汉、匈双方就没有直接发生过激烈的对峙，但西域绿洲国长期成为汉、匈两股势力间接博弈的场所。楼兰国、于阗国都曾在汉、匈之间无法自保，最终还是汉朝势力占了上风，改楼兰国为鄯善国，于阗国则再次内属于汉。在丝路的北道，除了夹在两股势力之间无法自保，还有绿洲国因为冲突过于激烈，直接分裂成了两个国家，这就是车师。

汉武帝初通西域时，不甘落败的匈奴一度控制过姑师国。姑师不仅替匈奴当耳目，透露与汉廷有关的情报，还常常攻击、劫掠汉廷的使者。直到赵破奴、王恢二人率兵攻进姑师国，又俘虏了邻国楼兰的国王，姑师国这才感受到汉廷的怒气。这一次攻占，将姑师人往北赶到库鲁塔克山北。姑师国就此成了车师国，汉、匈双方长达 40 年的拉锯战——"五争车师"的战场。

"车师"与"鄯善"相仿，是汉朝赐予的新名字。姑师国在罗布泊以北，东南通敦煌，南通楼兰，西通焉耆，北方则是乌孙和匈奴，与楼兰国同为中原出入西域的咽喉。

如今位于新疆吐鲁番市以西约 10 千米的交河故城遗址，便是当年姑师国的都城。交河城位于两条古河道两次交叉后形成的柳叶形高地上。所谓"交河"，描述的便是这种奇特的地理位置。这两条古河如今都已干涸，只剩下枯竭的古河床，但在当年却是交河城的命脉。依恃柳叶形高地的断崖，交河城仿若铜墙铁壁的高耸古堡，牢不可破。

这样的错觉将会被前来讨伐的开陵侯、郑吉、司马憙等人打碎。开陵侯成娩，本是匈奴贵族介和王，投降汉朝后便效命于武帝。一争车师是在公元前 99 年，开陵侯率楼兰军队攻击车师，却无功而返。二争车师是在公元前 89 年，汉廷出兵 4 万骑进攻匈奴，为杜绝车师从后方攻击汉军的隐患，开陵侯率楼兰等 6 国的兵力围攻交河城，车师降。三争车师是在公元前 71 年，汉廷出击匈奴，车师国面对 15 万汉军压境，复通于汉。

此后在匈奴的威逼之下，车师太子军宿逃亡，匈奴立车师质子乌贵为太子。乌贵成为车师王后，不仅与匈奴联姻结亲，还阻截汉朝派往乌孙的使者。公元前 68 年，汉、匈四争车师，汉朝派出的侍郎郑吉与校尉司马熹调动西域汉属绿洲国的万余兵力，加上屯田将士 1500 人，发起对车师的进攻。高崖上的交河城在这次进攻中沦陷。躲在交河北石城的车师王乌贵却逃过一劫。第二年秋收之后，郑吉直攻石城，得不到匈奴救援的乌贵投降了汉朝，却又遭到匈奴的进攻。

无奈之下，乌贵西奔乌孙，车师的王位再次空缺，逃亡的军宿重新被汉廷立为车师王，带着一部分国人来到屯田据点渠犁。而匈奴则另立乌贵的王弟兜莫为王，举国东迁，来到今新疆吉木萨尔、奇台两县所处地区。车师国就此分裂为前部与后部，前部为汉廷所控，后部则由匈奴掌握。

公元前 60 年，匈奴的老单于去世，内讧爆发。在单于之位的争夺战中，日逐王先贤掸失败，率领人众万余降汉。汉、匈对垒的形势就此发生了巨大的变化，郑吉在前去迎接日逐王的路上领兵直攻匈奴控制的车师后部王，车师前、后部均归汉。郑吉的威名由此遍于汉廷，荣任史上第一位西域都护。

交河故城遗址

吐鲁番交河故城遗址

交河故城遗址在今新疆吐鲁番县城西约10千米的雅尔湖乡，位于两条古河床交叉环抱的"孤岛"地带，故名交河。

交河故城遗址是目前世上最大、最古老的生土建筑城市遗址，今存遗迹主要是唐代以后的建筑遗迹。城建在崖台上，无城墙，崖壁是天然的防线，仅于崖壁的东、南两处斩崖为门。城内有纵横交错的高土墙，中央的一条宽3米、长350米的南北向大道为全城的中轴线，两旁的土墙间有小巷连通，巷内则为民宅院落。

城内建筑是自崖面向下挖筑的，因此建筑都处在崖面以下，身在其中仿佛置身迷宫。以中轴线为轴，遗址可分三个区。北区主要是大小寺庙遗址和各类塔基；东区巷陌纵横交错，南部有一处保存较好的大建筑；西区多为手工业作坊和陶窑遗址。

吐鲁番高昌故城遗址（高昌国）

地址：吐鲁番城区以东约 40 千米处得哈拉
　　　和卓乡
交通：坐出租车或自驾前往
门票：70 元
文保等级：世界遗产
推荐评级：★★★★★

　　玄奘完成了在印度的学习，本可从海路回中原，但最终还是选择了沿陆上丝路东归。为何放弃速度更快的海路，再走一遍凶险的沙漠？原因只有一个：他要去履行给高昌国王麴文泰许下的诺言——从印度求法归来后，先在高昌讲经 3 年。

　　玄奘西行，好不容易进了西域，经过伊吾以西的高昌国时，由于国王麴文泰对佛法的极度热情，要求玄奘从此留在高昌讲经。纵然此等热情令玄奘感动，但是此行意在前往天竺求法，怎可滞留在此。玄奘绝食抗议，以表继续西行的决心，可麴文泰亦不死心。两人就这样对峙了许多天，以至于玄奘体力透支，生命垂危。

面对奄奄一息的玄奘，麴文泰最终妥协了，不仅与玄奘结为兄弟，放玄奘西行，还给他准备了充足的人员与补给，为他剃度了四个弟子，并且附上了给西突厥可汗的信件，希望西突厥可汗护卫玄奘周全。玄奘颇为感动，答应一旦求得佛法归来，势必先在高昌讲经 3 年。然而，当玄奘真的回到高昌国的土地时，他惊讶地发现麴文泰早已不在人世了，连"高昌国"也不复存在了，取而代之的是大唐的"西州"。

公元前 48 年，汉元帝派人前往交河城附近的"高昌壁"屯田，并在此地增设了辅助西域都护的戊己校尉之职。时光流逝，这块屯戍区逐渐成长为吐鲁番盆地东部的高昌城。十六国时期，先是前凉在此地设立了高昌郡，后是西逃的北凉余部沮渠无讳、安周兄弟建立了高昌大凉，并且统一了吐鲁番盆地东西。此后高昌大凉为柔然所灭，阚氏、张氏、马氏、麴氏先后在高昌建立政权。

从麴嘉开始算，麴文泰应该是麴氏高昌国的第九任国王了。不过，他也是高昌国的最后一任国王。麴文泰的父亲麴伯雅对中原王朝十分景仰，是曾在张掖的焉支山下会见过隋炀帝的 27 国代表之一，后又跟随隋炀帝出征高丽。回国后，麴伯雅下令进行汉化改革。受父亲的影响，继位的麴文泰公然亲唐。玄奘的到来，让麴文泰如获至宝。

然而，还没等到玄奘求法归来，麴文泰与唐的关系便破裂了。随着西突厥与唐朝关系的恶化，夹在西突厥与唐朝之间的高昌国卷入了一系列政争之中。最终，高昌国落入西突厥可汗的全面控制之下，并在西突厥的授意下在丝路上设置通行障碍，扰乱了丝路贸易。

面对西突厥的这般挑衅，侯君集于 640 年率领大唐骑兵向高昌国进发。麴文泰闻讯十分惊惶，"计无所出，发病而死"。麴文泰之子麴智盛继位，投降侯君集，麴氏高昌国至此灭亡。唐于高昌国故地设立了西州，高昌城则为西州的治所。而在车师前部的故都交河城，则设立了安西都护府。

如今位于新疆吐鲁番市以东约 40 千米的高昌故城，可分为外城、内城和宫城三部分。外城呈方形，周长约 5 千米。宫城位于全城的北部。内城则位于外城的中间、宫城的南面。这样的布局，似乎与长安城有些相似。

交河故城和高昌故城，数得上是国内保存得较好的古城遗址。高昌故城的城垣，现在依然还能看得到。在城内散布着许多寺院遗址，其中处于外城东南和西南、内城正中偏北的几座寺院规模较大，在外城西南的寺院中，还存留着讲经堂的遗迹。不知哪一座寺院，曾让玄奘驻足停留过？当时的玄奘，心里只有西行求法的事业，不料暌违多年后回来履行承诺时，给予他巨大帮助的结拜兄弟却早已离世。

而在高昌北郊的戈壁荒滩上，就是举世闻名的阿斯塔那古墓群——高昌国的公共墓地。阿斯塔纳古墓群长约 5 千米，宽约 2 千米。据推测，阿斯塔纳古墓群应该经历了高昌历史上的三个阶段：西晋至十六国时期、麴氏高昌时期、唐西州时期。高昌城及附近的居民，死后大都埋葬在城北的戈壁滩上，以砾石为界区分出不同的家族。久而久之，逐渐形成了一片相连的墓葬区。在这个墓葬区里长眠的，大部分是汉人，此外也有车师人、突厥人、匈奴人、高车人、粟特人等。

和其他墓葬区一样，令阿斯塔纳古墓群闻名于世的，是从这里出土的大量文物，包括丝绸织品、壁画、文书等，数量高达数万。由于吐鲁番盆地干燥的气候条件，这些文物的保存都非常完好，出土的绢花保留了鲜艳的色彩与优美的形态，而在陪葬品中使用的"文书"也字迹可辨——当时的高昌流行用纸俑陪葬，而纸则不是随便就能得到的东西。因此，用过的纸条、纸片甚至完整的纸张都可能被再次利用，做成纸俑的一部分。若将纸俑的各个组成部分拆解开来，便能窥见这些"文书"的原貌。

绢花依旧，高昌国却早已不存。遥想当年，在侯君集的大军尚未压境之时，便有一首民谣为众人传唱："高昌兵马如霜雪，汉家兵马如日月，日月照冰雪，回首自消灭。"虽然大军压境意味着亡国，但高昌国的民众似乎并不害怕这样的结局，仿佛还有些期待。先祖拖家带口来到高昌壁屯田戍边，才开启了高昌国的时间轴，从"高昌国"回到属于中原王朝的"西州"，似乎是一种向故乡的回归。

高昌故城遗址

高昌故城遗址

　　高昌故城遗址位于今新疆吐鲁番东约40千米处的阿斯塔那村东，亦称"亦都护城"，面积约200万平方米。现存遗址是公元9世纪至13世纪高昌回鹘时期在唐代高昌城的基础上改建的，由外城、内城和宫城三部分组成。

　　外城平面近似方形，周长约5000米，城墙残高5至11.5米，墙基厚12米。城墙外马面密集。城内主要遗迹是民居和寺院；内城平面呈长方形，周长约3500米。主要遗迹为寺院和宫殿；宫城位于外城的北部，内有高层宫殿殿基。布局上与唐长安城相似。

236

吐鲁番柏孜克里克千佛洞（西州回鹘）

地址：火焰山木头沟内
交通：坐出租车或自驾前往
门票：20元
文保等级：全国重点文物保护单位
推荐评级：★★★★

有一座因《西游记》故事而闻名的火焰山：唐僧师徒四人来到此处，大火燃烧日夜不息，炙热难耐，无法通行，要想渡过这一关，只有借到铁扇公主的芭蕉扇。实际上，这座火焰山就在吐鲁番。而在火焰山中部木头沟河谷的两岸，有一座历经魏氏高昌国、西州、西州回鹘等时期的佛教洞窟，这便是柏孜克里克千佛洞，现存洞窟83个。

柏孜克里克千佛洞的最早开凿，应该在公元6世纪，即麴氏高昌国时期。唐代西州时期，这里是"宁戎寺"。西州回鹘时期，柏孜克里克成了西州回鹘的王家寺院。石窟中可以看到的，除了佛祖的灵慧之光，还有同样也散发着琥珀般的魅力的墙上那些世俗之人的面容。在柏孜克里克千佛洞的供养人像中，就有不少绘的是回鹘供养人，其中还有高昌回鹘王像，如第20号窟的壁画。

回鹘本来是居住在漠北的游牧民族，与当年怛罗斯对战大食时背叛高仙芝的回纥葛逻禄部的"回纥"为同一支。后来回鹘的保义可汗曾遣使请求唐朝，将"回纥"的译名改为"回鹘"，取其族人"回旋轻捷如鹘"的意思。

公元9世纪40年代，经历内乱的回鹘汗国又被活动在唐朝西北的游牧民族——黠戛斯击垮。回鹘就此离开了故地，一部分人南下，为唐朝收编，安置在淮河南北，逐渐与汉人融合；一部分人向东投奔契丹；另一部分人选择了西迁，在西域和河西活动，建立了甘州回鹘、西州回鹘、安西回鹘（龟兹回鹘）等政权。

在回鹘来到西州之前，西州尚还处于吐蕃的控制之下。唐势衰微之时，老对手吐蕃便乘虚而入，在河西与西域建立统治。西迁的回鹘人打败了吐蕃，成为西州的新任统治者。回鹘统治西州地区四百余年，佛教、景教、伊斯兰教、摩尼教等多种宗教并行不悖。

也许是因为高昌佛教的传统过于悠久深厚，在西州回鹘时期占据优势的依然是佛教，然而回鹘统治者最初的信仰却是摩尼教。

在平定"安史之乱"的过程中，原居漠北的回鹘也曾出过一份力。回鹘登里可汗凯旋时，从中原带回四名在洛阳传教的摩尼教徒，这很可能就是回鹘皈依摩尼教的开端。

摩尼教来自波斯，又称"明教"，宣扬光明与黑暗的二元争斗，光明为善，黑暗为恶，而光明终将战胜黑暗。在柏孜克里克千佛洞，38 号窟是专为摩尼教而准备的。此窟的拱券上画有生长于水池的生命树，树的两侧则是礼赞生命树的摩尼教徒。

吐鲁番柏孜克里克千佛洞

柏孜克里克千佛洞位于今新疆吐鲁番县城东北约 50 千米处，火焰山中部木头沟河谷的两岸，是高昌地区保存最完好的石窟。"柏孜克里克"在维吾尔语中意为美丽的装饰之所。始凿于麹氏高昌时期，历经北朝、唐、五代、宋直到元代，鼎盛期为高昌回鹘时期。

第38窟摩尼教徒礼赞生命树

千佛洞现存洞窟83个，其中有壁画40余幅，壁画总面积1200多平方米。建筑形式有三种，一为依崖壁开凿的洞窟；二为在崖壁开凿洞穴后，用土坯垒砌出前室；三为依傍崖壁，完全用土坯垒砌的洞窟，这是高昌地区所独有的建筑方式。

千佛洞壁画内容主要有说法、千佛、经变故事画、缠枝宝相花纹图案和回鹘供养人等，属水粉重彩画。9世纪中叶，这里成为回鹘的王家寺院，因而回鹘时期的壁画中，数量最多、最具特色的是以大型立佛为中心的佛本行经变故事画，具有代表性的有第15、18、31、33、38、42号窟。

焉耆盆地的佛光水影

　　焉耆回族自治县属于新疆巴音郭楞蒙古自治州，位于天山南麓焉耆盆地腹心，地处南北疆交通要道。在丝绸之路上的宗教传播中，焉耆也扮演了自己的角色。

　　在七个星镇西南部的一道低矮的山梁和坡地上，有一个年龄已超 1700 岁的佛寺遗址，她本是晋唐时期焉耆国的佛教中心。在蒙古语中她被叫作"锡克钦"，音译到汉语便成了有些叫人摸不着头脑的"七个星"。如今的遗址依然存留着佛塔、佛殿、讲经堂、石窟、僧房等建筑的痕迹，一共 93 个，可以想象昔日佛教中心的规模。经过修复，这一遗址已经于 2016 年 5 月起向公众开放。如果觉得一路上佛教遗址还未看过瘾，不妨来七个星一探究竟。

　　要说自然景观，焉耆盆地也有看点。位于四十里城子乡的相思湖景区水域宽阔，气质优美，让人很难联想到沙漠就在附近。泛舟芦苇荡，岸上胡杨与水中芦苇相映；闲憩观鸟，鱼群与野鸭同游。此般奇景，叫人如何不相思。

"七个星"遗址

相思湖

焉耆回族自治县博格达沁古城（焉耆国）

地址：焉耆县西南约18千米
交通：坐出租车或自驾前往
门票：40元
文保等级：自治区级重点文物保护单位
推荐评级：★★★

公元75年，窦固、耿秉收复西域的第二年，汉明帝刘庄驾崩，北匈奴卷土重来，首先攻下车师前部。这时，塔克拉玛干沙漠北缘、高昌国以西的焉耆国也闹了乱子：焉耆王汎受北匈奴节制，攻杀了一年前来到焉耆驻守的西域都护陈睦。班超一时陷入孤立无援的境地，艰难反击，直到公元94年联合龟兹国王白霸，一起攻杀了叛汉的焉耆王汎，改立其弟元孟为王。

相比鄯善、于阗、高昌，焉耆只是个小国。然而，焉耆在西域与中原王朝的交往中，常常扮演着关键的角色。

焉耆是月氏人建立起来的国家，这段历史要追溯到秦汉之交。当年月氏大败于冒顿单于，他们被赶出河西，小部分向南融入祁连山一带的民族，大部分则西迁，为“大月氏”。大月氏人后来征服大夏，开始安居乐业而不思复仇，让张骞白跑了一趟。

不过并非所有西迁的月氏人都走完了这段路途，有些部落在中途选择定居。“乌撜”部落就没有走到大夏那么远的地方，而是在塔里木盆地北缘征服了土著，建立起自己的国家。“撜”字古音为“绎”，所以又称“乌夷”“乌彝”，又音变为“焉耆”“阿耆尼”等。

西汉时期，焉耆仍是匈奴的据点之一。公元前60年，汉朝设西域都护府，焉耆又属西域都护府管辖。如前所述，进入东汉后，汛统治下的焉耆发生了一次惊人的叛变，最终由班超平定。

焉耆在西晋时接受册封，王族也由姓元改为姓龙。楼兰出土的《李柏文书》里，前凉西域长史李柏去信的对象，正是焉耆王龙熙。公元448年，北魏征服焉耆，设焉耆镇。隋时，焉耆镇恢复成焉耆国，仍归龙氏统治。西突厥崛起后，焉耆国又归属西突厥，当时的国王称为“龙突骑支”。

龙突骑支在西突厥与唐朝之间叛服无常。公元644年，唐太宗派郭孝恪西征焉耆。郭孝恪生擒其王龙突骑支，解送京师，其国归附唐朝，焉耆国又成了焉耆镇。唐太宗另立婆伽利为焉耆王，将龙突骑支留住内地。今天唐太宗的昭陵中，还可以看到龙突骑支以及于阗王伏阇信的石像。在今新疆焉耆回族自治县西南，有一处名为"博格达沁"的古城，就是唐代焉耆镇的屯戍遗址。一部分将士来到此地屯田戍边，也就是一边进行农业劳作，生产瓜果粮食自给自足，一边进行军事边防，抵御游牧民族向焉耆伸出的势力。

　　焉耆是《大唐西域记》中玄奘口述的第一个国家，名称"阿耆尼国"。玄奘对焉耆的印象不算太好，他说焉耆人勇敢但没有谋略，骄傲而自恋，政治秩序混乱，法律也不严明。

　　当年焉耆国的民众，早已随着公元9世纪初回鹘人的南下而四散，分布在今天的新疆哈密，甘肃敦煌、安西、酒泉等地区，或者融入吐蕃。如今的焉耆居民，大部分是清代乾隆至光绪年间的回民后代，他们来自陕西和甘肃。也因此，现在的焉耆是回族自治县。

博格达沁古城

博格达沁古城遗址位于今新疆焉耆回族自治县西南18千米的一处草滩，"博格达沁"在维吾尔语中意为高大宏伟之城。为唐代焉耆镇屯戍遗址。城周约3千米，现存城墙厚2米，残高3.5米。城墙东南和西南有缺口，宽约10米，可能是两处城门。古城中间两个土堆，可能是主要建筑坍塌后的遗留。古城配有护城河。

城周有许多防卫建筑，当地居民称之为"黑讫达"，都是用巨型土坯垒砌的堡垒状建筑。内有高台、住房，外有围墙。在黑屹达周围曾发掘出一批汉唐叠压古墓葬，其中罐、瓶、盘、杯、灯、锅等陶器属于北朝和隋唐，铜镜、包金铁剑、金带扣和装饰品等属于汉代。

最后的罗布人

　　尉犁县位于天山南麓、塔里木盆地边缘，处于新疆巴音郭楞蒙古自治州腹地，如今的地域包括了古时西域渠犁国、墨山国的领地。它也与罗布泊周围的古文明密切相关：据信最后一批罗布人就居住在这里。事实上，尉犁的别称"罗布淖尔"就源自"罗布泊"。在位于尉犁县城的罗布淖尔博物馆，你不仅可以看到尉犁县出土的历史文物，包括发现于古西域墨山国的营盘遗址古墓中的男性干尸、彩棺等，还可以在罗布人民俗厅中看到罗布人的生活用品。

　　距离县城约 35 千米的罗布人村寨则为你提供了进入罗布人生活情境的机会。它本是罗布人最大的村庄之一，塔里木河流经这里，你可以在沙漠、河流、湖泊、胡杨树之间欣赏罗布人的建筑，观看罗布人歌舞表演，骑骆驼，或者专注于烧相机快门。

　　在尉犁也少不了长年风蚀而成的雅丹地貌。罗布泊雅丹大峡谷地质公园宛如地下迷宫，峡谷长约 5 千米，上窄下宽，想挑战它需要一个向导和一辆性能优越的车。

　　"天下羊肉尉犁香"，来到尉犁就不妨坐到葡萄架下的炕桌旁，尝试在吉尼斯世界纪录榜上有名的烤全羊。一只全羊可能要上千元，不过也可以指定食用某些部位。

罗布泊雅丹大峡谷风景

尉犁风光

尉犁县营盘遗址（墨山国）

地址：尉犁县东南约 150 千米
交通：坐出租车或自驾前往
门票：20 元
文保等级：全国重点文物保护单位
推荐评级：★★★

除了楼兰的陨灭，在丝绸之路上还有一些难解的历史之谜，营盘遗址便是其中之一。

中原王朝的城市营建，都以方形为基准，尤其是都城，先秦时期就有"崇方"的传统，而且在这方形之中还要形成规整的对称。相反，西方的城市规划，更倾向于圆形构造。

受汉文化影响较深的西域绿洲国，如高昌、鄯善、车师前部等，其都城都是方城，高昌故城更是形似长安城。然而，今天新疆尉犁县东、孔雀河北岸的营盘古城遗址，却是一个例外，这是一座圆形的古城。丝路南道上的尼雅古城应该也是圆形的，可惜其城墙没有营盘古城的完整。当时在这里生活的人们，究竟是为什么选择了圆形的城墙？是由于这个绿洲国原本的文化传统，还是由于经由丝绸之路到来的不同的文化传统在此地的影响？这个问题还没有确定的答案。

著名考古学家、罗布泊土垠遗址发现者黄文弼先生认为，营盘古城应该是西域三十六国之一的墨山国的都城。墨山国在汉文典籍中极少出现。它是小国寡民的又一标本，西汉武帝时仅有居民 5000 余，兵力 1000 余。墨山国境内多山，出产铁，但缺乏耕地，墨山国的民众不得不向焉耆、龟兹等国借田耕作。三国时期，墨山国为焉耆国所兼并，自此从史籍中消失。

营盘遗址

营盘古城遗址位于今新疆尉犁县东、孔雀河北岸。遗址可以分为四部分，一是城郭，二是大佛塔，三是烽火台，四是古墓地。在圆形古城的北边，有一座上圆下方的大佛塔，高度和直径都有10余米。在大佛塔北边，有两座烽燧。再往北是一大片寸草不生的台地，台地南缘布满了墓葬，总数在150座以上，占地约6万平方米。

营盘古城拥有独特的圆形城墙，直径约有180米，残高约3至7米，厚约5米，由一层湿土、一层胡杨树枝条层层叠加起来。城墙有东、西、北三座城门，城内所有的建筑今天都已荡然无存。

艺术成就惊人的古佛国

　　西域古国龟兹是当之无愧的佛教与艺术之国，她的壁画艺术成就非常高，始建于公元 3 世纪甚至更早的克孜尔石窟就是典型。龟兹国的故地，大致在库车县、拜城县。

　　龟兹古国适合在秋天拜访。库车县位于新疆阿克苏地区东部，在炎热的夏季与干冷的冬季之间，秋季高朗的蓝天会将自然景观与古迹映衬得大气又沧桑。

　　位于库车河东西两岸的苏巴什古城，相传是《西游记》中女儿国所在之地，其实这里的主体应是龟兹古国的王室寺院。纵然世事变迁，这里还是存留着大规模佛教建筑群遗址，它们依山而建，错落有致，残高超过 10 米的佛塔遗迹更是让人深觉气势壮观，可以想象当初僧人聚集诵经的宏大场面。

　　库车大寺则是龟兹地区宗教演变的见证。这是一座规模仅次于喀什艾提尕尔清真寺（喀什大寺）的清真寺，在寺内庭院东南角还有宗教法庭，是伊斯兰教政教合一的体现。

距离库车县城约 70 千米的库车大峡谷国家地质公园（又称天山神秘大峡谷、克孜利亚大峡谷）无疑是观景佳处，巨大的红褐色山体群会让你震撼于大自然的伟力，从库车县城出发，沿着217 国道向北约 70 千米即可到达。

隋唐时期，从丝绸之路东传的龟兹乐舞颇受中原王朝宫廷的欢迎。龟兹乐舞的精致曼妙与美丽女郎的风情亦非言语所能传达，必得前去库车亲眼一见。至于库车的饮食，可与车轮比大小的库车大馕与烤羊肉串自然不可或缺，红枣、石榴、无花果、香梨、甜瓜、白杏、桑葚等丰富瓜果也令人向往，而已经走向全国的"乌孜古凉皮"的故乡也是库车。

苏巴什古城遗址

库车大峡谷

库车县克孜尔尕哈烽燧（龟兹国）

地址：库车县西北约 10 千米伊西哈拉镇境内
交通：坐出租车或自驾前往
门票：15 元
文保等级：世界遗产
推荐评级：★★★★

　　论及如今新疆境内保存最为完好的汉代烽燧，则非库车县境内的克孜尔尕哈烽燧莫属。这座烽燧由黄土建成，虽然经历了千年的风化与战火煎熬，它却依然保持着巍然矗立的风貌。与"和田"一样，"库车"也是清代才开始通用的名字，是在 1758 年归附清朝时，由清廷赐给的新名字。在汉武帝初通西域之时，这块土地的名字叫作"龟兹"。

　　公元前 79 年，傅介子在宴席上刺杀尝归，楼兰归汉并改名鄯善，同时他还杀死了身在另一个绿洲国

——龟兹的匈奴使者。李广利远征大宛时，龟兹已经占领了丝路南道上的绿洲国扜弥，扜弥太子赖丹也成了龟兹的人质，李广利因此责备龟兹，并把赖丹带回了汉都长安。

不久，赖丹被汉朝任命为校尉，派往轮台屯田。此举引起龟兹的恐慌，在贵人姑翼的蛊惑下，龟兹攻杀了赖丹。公元前71年，长罗侯常惠前往乌孙犒赏有功军士，在回程中调动乌孙、疏勒、莎车诸国共5万兵力，前往龟兹责问杀校尉赖丹之罪。

常惠来到龟兹时，老王已逝，绛宾为新王。见到来势汹汹的常惠，绛宾审时度势，斩杀贵人姑翼以谢罪。此后龟兹随之迅速汉化，以至于其他胡人中间都流传着这样的玩笑话，说"驴非驴，马非马，龟兹的王，就好像汉朝与胡人杂交所生的骡一样"。

汉时西域三十六国中，应属龟兹最大。都城为延城，即如今的新疆库车地区。龟兹东通焉耆，西通姑墨（今新疆温宿、阿克苏一带），北通乌孙，有6900余户，81000余人口，胜兵2万余人。像墨山国这样的小国，根本无法和龟兹抗衡。龟兹国力富盛，又扼守着丝路的北道，因此在汉、匈之间的拉锯战中举足轻重。

两汉之际，龟兹与中原王朝之间的亲密关系瓦解，龟兹先后受制于莎车与匈奴，直到公元91年班超作为西域都护进驻龟兹。

克孜尔朵哈烽燧

克孜尔尕哈烽燧位于新疆库车县西北约 10 千米处，东西长约 6 米，南北长约 4.5 米，残高约 13 米。由于旷日持久的风化作用，烽燧的顶端凹下去一个大槽。在维吾尔语中，"克孜尔尕哈"为"红色哨卡"的意思，这也正是作为军事预警设施的烽燧的功能。烽燧北侧尚有古建筑坍废后的堆积包，可以从此登临烽燧顶部。

壁画珍宝与魔鬼之音

　　拜城县位于新疆阿克苏地区东北部，涵盖了古西域姑墨国与龟兹国故地，有饮誉世界的佛教遗迹——克孜尔石窟。虽然由于年代十分久远、盗窃严重、早年保护措施不到位等原因，石窟的状况不能与莫高窟相比，但这并不能掩盖古代佛教壁画艺术的光华。

　　欣赏了因不完整而更显沧桑古意的克孜尔石窟壁画，致敬了佛学宗师鸠摩罗什，拜城还有精彩的风光等你领略。雅丹地貌在新疆分布广泛，很多地方都有"魔鬼城"，但要数拜城的魔鬼城规模最大。拜城魔鬼城基本处于原生状态，几无人烟，道路两边布满形状诡异的山包，高低错落，参差嶙峋，风过时的声音如魔鬼号哭，如果光线合宜，就仿佛身在高大的魔鬼群中，足以给你一次野性十足的沙地越野体验。而如果你偏爱悠然的休憩地，位于克孜尔乡的克孜尔水库风景区则是合宜的选择。

魔鬼域

克孜尔水库

拜城县克孜尔石窟（龟兹国）

地址：库车县西北约14千米
交通：坐出租车或自驾前往
门票：55元
文保等级：世界遗产
推荐评级：★ ★ ★ ★ ★

克孜尔石窟是个佛教石窟群，位于龟兹国故地拜城——如今的新疆拜城县。

与于阗一样，龟兹也是远近闻名的佛国，佛寺和石窟遍布全境，在全面信仰伊斯兰教之前，佛教处于国教的地位，但是这两个国家的风情相异。在中原来客眼中，相比于阗，龟兹的文化似乎要更为神秘奇异一些。

吕光从龟兹东归时，不仅带上了高僧鸠摩罗什，还带上了龟兹乐人。因其浓厚的异域风情，龟兹乐大受欢迎。在凉州，龟兹乐与汉族本有的音乐风格混合，形成了流行于宫廷内外的"西凉乐"。玄奘在《大唐西域记》也曾记述"屈支国"的奇异风俗："其俗生子以木押头"，将头压成扁平的形状，以扁为美。龟兹的文化独树一帜，很大程度上与丝绸之路沿线各民族的融合有关。北天竺人、粟特人、突厥人都曾大批涌入龟兹。鸠摩罗什的父亲便是来自天竺的僧人；粟特人在东行的路上会有一连串的定居点；突厥崛起后，龟兹王室又形成了与突厥人通婚的惯例。

克孜尔石窟开窟年代不晚于3世纪，停止兴建则是在初唐以后。在东西绵延约两千米的沙石山中，排列了200多个洞窟，现已编号的有236个，保存较为完好的有75个，其余多毁于人为损坏，比如大面积的壁画被西方来的寻宝者剥离下来，运到德国柏林。

如今，在"支提窟"中，还可以看到龟兹佛教艺术的华美痕迹。所谓"支提"，就是"塔"的意思，"支提窟"就是在中央设有塔的洞窟。在"支提"的四壁绘有佛像与其他图案。来到克孜尔石窟的信徒，可以在支提窟中绕塔行走，巡礼、观像。"支提"顶部可与石窟的穹顶相接，可以加固石窟结构。第205窟有一幅约绘于公元6世纪的龟兹国王与王后供养像，这时距离佛教传入龟兹国，大约已过去500年。

公元 647 年，唐太宗派出昆丘道大总管阿史那社尔，率兵讨伐受西突厥挟制的龟兹国。第二年，战争结束，胜利属于唐朝，大唐的安西都护府，也由高昌国的西州迁徙到龟兹，并下设龟兹、于阗、焉耆、疏勒四大军镇，史称"安西四镇"。安西四镇置后，经历了多次反复。"安史之乱"爆发后，为了平定中原的叛乱，皇帝四处调兵，西北的军事力量曾一度被抽空，龟兹与其他绿洲国一样成为吐蕃的领地。9 世纪初，从漠北西迁来的回鹘驱逐了吐蕃，占领龟兹，此时龟兹王统已然断绝，龟兹国也正式宣告灭亡。

与于阗相似，伊斯兰教通过占领疏勒的喀喇汗朝进入龟兹。如今的库车，早已不是当年的佛国了。在克孜尔石窟前，背东朝西沉思着的鸠摩罗什像，也许是一种对佛国岁月的纪念。

克孜尔石窟外观，鸠摩罗什像

　　克孜尔石窟位于今新疆
拜城县克孜尔乡东南9千米
木扎提河北岸断崖上，"克
孜尔"在维吾尔语中意为红
色。石窟东西绵延2千米，
正式编号的洞窟236个，始
建于3世纪末，止于8—9
世纪，是中国开凿最早的大
型石窟群。

克孜尔石窟壁画

窟内壁画的主要题材是释迦牟尼的事迹，包括本生故事、因缘故事和佛传故事，以及未来佛——弥勒的故事，反映小乘佛教"唯礼释迦"的思想。天相图、天宫伎乐、伎乐天人等都富于特色。晚期壁画则出现了大乘佛教的"千佛"。石窟的供养人画像均为龟兹世俗形象。

对石窟的保护和维修始于20世纪50年代，80年代进行了大规模维修。1985年，新疆龟兹石窟研究所成立，负责石窟的保护与研究。

南疆风情的代表

去过新疆的旅人大多都听说过这句话："北疆看风景，南疆看风情。"位于新疆西南缘，西临帕米尔高原的喀什就是后半句的印证，适合进行南疆民间生活文化深度游。

在喀什市市中心的喀什老城，你可以看到精致的伊斯兰迷宫式居民建筑群，这片参差错落、曲径通幽的民居为电影《追风筝的人》提供了布景。20世纪初的地震曾让老城满目疮痍，如今在"修旧如旧"思路的指导下，老城重建已颇具成效，不乏游人被路边的建筑、居民、食物和工艺品巴扎吸引，兜兜转转便是大半天。

如果你对伊斯兰宗教文化感兴趣，蜚声国内外的艾提尕尔清真寺不容错过。这是新疆最大的清真寺，正门呈现亮眼的鹅黄色，门口便是喀什的地标——巨大的艾提尕尔广场，有时会有人在广场上行礼拜，遇上伊斯兰教传统节日就更加热闹。寺院里绿荫成片，装饰精致的柱廊叫人赞叹。礼拜堂更是壮观，地上铺着巨大的绿色花纹地毯，150余根绿色雕花木柱矗立。如果你不是信仰者，则请停留在地毯之外，保持尊重。

　　位于喀什市东城的喀什大巴扎则可以满足你的食欲与购物欲。这个巴扎的规模非常之大，有超过 5000 个摊位，干果、水果、面食、服装、日用品、工艺品、玉石珠宝等，应有尽有。

艾提尕尔清真寺

喀什大巴扎

喀什市盘橐城（疏勒国）

地址：喀什市班超路69号
交通：喀什火车站坐26路至结核医院站，
　　　下车步行
门票：30元
推荐评级：★★★

　　还在抄书养家糊口的班超有一天扔掉了手中的笔，心想大丈夫应该像傅介子、张骞那样立功异域，以取封侯，怎么可以长久地在笔墨纸砚之间混日子呢？身在家中，但他的雄心早已飞过了无数道城墙与关卡，一路飞到黄沙弥漫的西域。

　　据说班超生得燕颔虎颈，好似能够"飞而食肉"，在善相面的人眼中，这是应当封侯万里之外的大贵之相。班超很乐意认为相面人说的真实可信。后来他在西域度过了31年，其中的17年，确实是在遥远的疏勒国盘橐城度过的。

公元74年，窦固出击匈奴，班超作为他的副官假司马，第一次踏上西域的土地。班超领兵在蒲类海出击伊吾，"多斩首虏而还"，窦固见识到了他的能力，于是派他出使西域。班超一行人首先到达鄯善，抱着"不入虎穴，不得虎子"的心态，在夜色掩护下以火攻杀身在鄯善的匈奴使者，将匈奴使者的首级交给鄯善王看，鄯善"一国震怖"。此后班超便成为汉廷在西域的代理人。当窦固想要给班超增加人马时，班超觉得用人在于精，多是累赘，只带领原有的36名勇士出征了。班超来到于阗国，一番周旋之后，于阗国广德王便投降了。

班超马不停蹄，继续西进，来到疏勒国。当时的疏勒国王是以匈奴为后盾的龟兹人兜题。班超派遣田虑去劝降疏勒王。田虑对兜题说：你不是疏勒人，疏勒人民不会服从你的统治，投降吧！不然把你抓起来。田虑轻弱的体格让兜题做出了不明智的选择。当他表达出不屑时，田虑的左右已经捆缚了兜题。班超立即奔赴疏勒，放了兜题一马，立龟兹所杀疏勒故王的侄子忠为王。疏勒国人大悦，而盘橐城就成了班超的据点。

汉明帝驾崩之时，焉耆趁机攻没西域都护陈睦。龟兹、姑墨则数次发兵，对抗疏勒。班超孤立无援，在盘橐城坚守岁余。新继位的汉章帝担心班超不能自立，下诏征班超回到汉廷，等于放弃西域。班超准备东归之时，疏勒举国忧恐，疏勒的都尉黎弇为此自刎。班超来到于阗，被广德王和民众拦下，马脚都被抱住。看到疏勒、于阗举国留念，班超内心挣扎，一边是朝廷的命令，一边是齐聚在自己身上的民心。最终还是民心赢了这场拔河，班超转头向西，回到疏勒。然后班超消灭了疏勒国中龟兹投降的集团，攻莎车，击龟兹，败姑墨，在龟兹废立君主并建立新的据点。公元91年，班超出任西域都护。

无论怎样胆识过人的"万里侯"，也都有思念故土的权利。公元100年，班超因年老思乡，上疏请求归汉，妹妹班昭也向皇帝求情，希望能在有生之年骨肉团聚。公元102年，71岁的班超回到洛阳，一个月后因病去世。

其实刚刚被法国汉学家伯希和发现的时候，盘橐城遗址还颇具规模。由于工地征用等人为原因，如今遗址的大部分都被破坏了，几乎成了一片空地，仅有一段长约8米、高约3米的残垣断壁遗留了下来。如今位于新疆喀什市东南郊的盘橐城遗址，其实是重新修复的。在盘橐城遗址，你能看到新修的石牌楼和烽火台，你能看到神道中央的班超雕像，在它的两旁站立着36勇士的雕像。

然而，比这些可见的物事更触动人心的，也许是班超在于阗国策马回程的那个背影。

喀什盘橐城

盘橐城遗址位于今新疆喀什市东南郊的吐曼河岸边，又称艾斯克萨城。

20世纪初，法国汉学家伯希和曾到盘橐城遗址实地勘测。根据其所绘图纸，遗址平面近似梯形，当时尚存北面、西面两段土筑城墙，北墙长287米，西墙长205米，墙基厚约7米，占地总面积近20亩。然而之后由于被工厂单位占用，遗址遭到破坏，仅有一段长约8米、高近3米的残垣遗留下来。

如今的盘橐城班超纪念馆是在原遗址上修建的，占地14.5亩，以班超雕像为中心，36位勇士雕像沿神道左右对称。另外还建有36米长、9米高的大型半圆浮雕屏墙，以及大门、古亭、石牌坊、城墙、烽火台等建筑，试图还原盘橐城的汉时风味。

喀什市莫尔佛塔遗址（疏勒国）

地址：喀什市东北约30千米
交通：坐出租车或自驾前往
门票：10元
文保等级：全国重点文物保护单位
推荐评级：★★★★

疏勒的地理位置十分特殊，位于塔克拉玛干沙漠的西缘，可以看作是唐时丝路南道与中道的交汇点。由于更靠近中亚地区，文化交汇发生得更频繁，因此这里接受新宗教的影响，也比其他绿洲国更早更快一些，佛教可能如此，伊斯兰教更是如此。

鸠摩罗什曾在疏勒讲过佛法，玄奘东归路经疏勒时，尽管对于疏勒"习学小乘教说一切有部"相当不以为然，却也不得不承认这个有"伽蓝数百所，僧徒万余人"的"佉沙国"确实淳信佛法，勤营福利。公元 690 年，武则天曾向全国各地颁发《大云经》，并下令让各州兴建"大云寺"，疏勒都督府费时十几年，终于建成了名扬西域的大云佛寺。

有学者认为，位于今新疆喀什市东部 20 余千米的一座沙丘上的莫尔佛塔遗址，很可能就是当年疏勒大云寺的遗址。这座佛寺一直保存到 10 世纪初叶，当伊斯兰教正式传入喀什噶尔后，才湮没于战火之中，只留下莫尔佛塔遗址里的两座残存的佛塔。

在维吾尔语中，"莫尔"的意思是"烟道""烟囱"。之所以会有这么一个与佛教好像没什么联系的名字，是因为后来当地居民误以为该地的两座高塔是古代的烽火台。疏勒故地喀什噶尔，正是伊斯兰教通过喀喇汗朝向西域传播的起点。

喀喇汗朝是由若干个操突厥语的民族混合而成的国家。在伊斯兰教向东扩张的过程中，喀喇汗朝也接受了伊斯兰教，并以之为国教。随后，喀喇汗朝与于阗、龟兹等崇信佛教的国家爆发宗教战争。在伊斯兰教扩张之前，总体而言，各种宗教在丝路中段是以混同共存为主。此时面对实力强劲的新对手，佛国时运衰弱，最终与诸多珍贵的艺术品一起湮没，让人心生惋惜。

莫尔佛塔遗址

　　莫尔佛塔遗址位于今新疆喀什市东部20余千米的一座沙丘上。

　　位于东南的那一座，底为方形，腰为圆柱形，上方有一个蛋糕形的圆顶，塔体中空。这座塔就是佛教建筑中所谓的"窣堵波"，专门用来安置舍利子。位于西北的那一座，则有如倒置的大斗，底大顶小，残高7米。在塔身正面和两侧，都留有佛龛的遗迹，内中曾有雕塑的小佛像，现已被剥蚀一空。有人猜测这座塔应是当年寺院的中心建筑物。

　　在佛塔遗址的东南部，还有一组僧房遗址，坡下的沙地上有一排古代坎儿井，蜿蜒约1千米长。这就是当年寺僧的水源。由于气候干旱，有时仅仅依靠冰雪融水还不足以满足生活需求，因此便需要找寻使用地下水的方法。坎儿井就是其中一种解决方案，而且还有减少蒸发、防止风沙掩埋的优势。

新疆坎儿井

丝绸之路中段北道

丝绸之路中段北道，又称『北方草原之路』，位于天山以北。走在这条丝路分支上的人们，一开始会与绿洲相遇，但随着道路折向西北，他们便会发现自己身处茫茫无际的漠北大草原。这不仅是一条贸易之路，亦是各个北方游牧民族迁徙的路线。相比绿洲串联起来的南道、神秘与苍凉的中道，北道草原之路无比辽阔，直到现在还燃烧着生命力。

佛教文化遗存是踏访丝绸之路时的重点，在中段北道同样有东千佛洞、榆林窟这样瑰丽的佛教艺术结晶；取代了佛教的伊斯兰教，在北道也留下盖斯墓这样的纪念建筑；游牧民族在北道经过的地区生活、迁徙，锁阳城、柳中城、北庭古城、弓月城遗址，见证了中原王朝与游牧民族政权的数次碰撞；风景多样的车师古道，则显示了『丝绸之路』这个巨大的血液循环系统是如何由车师古道这样的『小血管』联结起来的。

与戈壁共生

　　瓜州县曾名安西县，位于甘肃省河西走廊的西端，西与敦煌市相连，西北与新疆哈密市接壤，属酒泉市管辖。

　　瓜州给游人的第一印象可能是"严厉"，只因那无边无际、风沙不绝的戈壁滩让人觉得大自然的脾气太糟。在甘肃安西极旱荒漠国家级自然保护区，年均降雨量不到 50 毫米，烈日当头，满目荒凉。千年前玄奘西行，曾在瓜州的冷酷戈壁中险些丧命，却也在这里更坚定了取经的决心。在瓜州举办的、如今已经成为国内高端体育赛事的"玄奘之路商学院戈壁挑战赛"，就源起于 2005—2006 年央视策划的大型文化考察活动"重走玄奘之路"。茫茫戈壁中，渺小的人在 112 千米赛道上艰难前行，自负重、自导航、自补给，为的就是致敬玄奘精神，重拾人面对自然、战胜自然、信心永恒的精神愉悦。

　　令人惊叹的是，这个与戈壁共生的地方还有两处保留着精美绝伦的艺术的石窟——榆林窟与东千佛洞。不过由于交通不便，目前去这两个石窟都需要包车。如果稍嫌麻烦或时间不够充裕，位于瓜州县县城中心的瓜州博物馆也是不错的选择。这里陈列着榆林窟与东千佛洞壁画的临摹品，并且允许你给它们照相。

瓜州的瓜果亦是一绝。由于降水稀少，瓜州出产的蜜瓜与哈密瓜甜味浓厚而不腻口，与新疆瓜果不相上下，在县城很容易找到瓜摊。在自己大饱口福之后，如果还想让远方的亲友也有机会品尝，蜜瓜干与哈密瓜干则是馈赠佳品。

瓜州风光

瓜州博物馆

瓜州县锁阳城遗址

地址：酒泉市瓜州县城东南约 70 千米
交通：坐出租车或自驾前往
门票：40 元
文保等级：世界遗产
推荐评级：★ ★ ★ ★

　　甘肃省瓜州县西南约 47 千米的一处风蚀荒原上，坐落着锁阳城遗址。锁阳城的另一个名字叫作"苦峪城"，改名"锁阳"则与薛仁贵西征的民间传说有关。

　　唐太宗派薛仁贵西征，唐军一路所向披靡，却在苦峪城遭遇了哈密国元帅苏宝同的围困。外来的给养断绝了，薛仁贵和战士们靠屯田来自给自足。苏宝同又派人在苦峪城的河水上游用羊毛、红柳、沙石等物堵塞河道，迫使河水改道。苦峪城陷入粮草彻底断绝的境地。一日，薛仁贵发现苦峪城周围有一种生长在沙漠戈壁中的植物，根部可以食用，名字叫作锁阳。于是他让将士们挖出锁阳的根来充饥，一直熬到程咬金搬来救兵，解除围困。为了纪念锁阳的救命之恩，苦峪城便被改名为锁阳城。

历史文献中并没有薛仁贵被困苦峪城的事件，薛仁贵和他的士兵也不一定在锁阳城停留过。但锁阳城应该就是唐代瓜州的治所晋昌县的遗址。从现在的地图上看，唐代瓜州的管辖区域大约包括甘肃省安西县，以及肃北蒙古族自治县的部分地区。按照西汉河西四郡的概念，瓜州的土地原本应属敦煌郡。公元622年，唐廷在此地设立瓜州，以晋昌县为治所。瓜州的地理位置，使其成为扼守西部疆土的关键枢纽：东通肃州以趋中原，西接沙州，西北达伊吾以赴西域，向南可连通青海高原。如今，在锁阳城遗址和玉门关遗址之间，还可以看到连接两者的唐代古道遗迹。

"安史之乱"后，瓜州的统治权也转移到吐蕃手上。沙州豪族张议潮起兵反抗吐蕃时，瓜州便是他的根据地之一，以沙州、瓜州为基础，张议潮才陆续收复了伊州、西州、肃州等地。9世纪，瓜州的统治权，又从归义军政权转移到了甘州回鹘手中，后来瓜州又成为西夏的领地。

虽然几度易手，元代以前的瓜州始终保持活力。公元1291年，在朝廷的命令下，瓜州居民被迫迁往肃州，锁阳城人去城空，开始承受风沙的侵袭。到了明代，人们曾一度修缮锁阳城，在公元 1472 年移哈密卫于此。16 世纪中叶，明王室决定放弃河西嘉峪关以外的土地，不复经营，只留给各个游牧民族部落争夺。这就注定了锁阳城彻底荒废的命运，它的身影也从此退出了史籍。

瓜州锁阳城遗址

　　锁阳城遗址位于甘肃省瓜州县西南约47千米的一处风蚀荒原上。

　　城墙犹在,残高约10米。分为内外二城,外城为不规则的长方形,从北、西、东三面包围内城。内城则保存得较为完好,又可分为东、西二城。东城较小,应为衙署驻地,西城则较大,应为商业区和居民区。

　　在锁阳城遗址东面约2千米处,还残存了一座大型的寺院遗址,俗名塔儿寺。在寺院遗址的中心,有一座残高约2.4米的大佛殿台基,台基南部则有一座大塔,直径约5米,塔高14.5米。大塔以北,东西一线排列了9座小塔。大塔下还曾出土了半截唐碑,记载归义军首领的事迹,提醒着人们瓜州的过去:一个曾经上演过纵横交错的历史事件的咽喉要地。

287

瓜州县东千佛洞

地址：酒泉市瓜州县桥子乡南约 35 千米的峡谷两岸

交通：坐出租车或自驾前往

门票：普窟 30 元，3 号特窟 150 元，4 号、5 号特窟各 100 元

文保等级：全国重点文物保护单位

推荐评级：★ ★ ★ ★

公元 627 年，当玄奘从凉州一路隐姓埋名、昼伏夜行地来到瓜州时，曾遇到过不小的麻烦。作为一个偷渡客，玄奘没有逃过官府的眼睛，凉州发来的访牒来到了瓜州，上面写着有僧人玄奘意图西入蕃地，各地州县官府当严加守候捉捕。如果不是因为瓜州的州吏李昌，玄奘的行程便只能终止于瓜州了。

李昌崇信佛教，不愿立刻遵命。他秘密地将访牒

呈给玄奘，并且承诺协助玄奘完成西行心愿，条件是玄奘必须如实交代事情原委。玄奘遂将自己西行求法的心愿道来。李昌听了，大为感动，撕毁了访牒文书，让玄奘尽早离开。

然而在陌生的地域，玄奘苦于无人引路，直到一位名叫石槃陀的胡人成了玄奘的弟子，并受一位老翁的赠予获得了一匹识途老马。在石槃陀的引领下，玄奘夜行葫芦河，偷渡玉门关。出了瓜州玉门关之后，便是相继的五个烽火台，除了五烽之下，路上再无水草。石槃陀半途而废，只留玄奘一人继续前行，而在五烽的第一烽白墩子烽火台下取水时，玄奘就被守军发现了。

所幸驻守白墩子烽火台的校尉王祥也是佛教徒，他为玄奘准备了补给。玄奘走过了五烽，走进瓜州与伊吾之间的险恶沙河——莫贺延碛，生死存亡之际，那匹原属于胡人老翁的老马找到了水源，把玄奘救了回来。

玄奘在瓜州经历种种波折而不改初心，常为后人引为锲而不舍的典范。想必在瓜州本地，玄奘的事迹也已深入人心，因为在榆林窟和东千佛洞的壁画上，都曾出现过他的身影。

甘肃省瓜州县的榆林窟和东千佛洞，连同更加有名的敦煌莫高窟，以及敦煌的西千佛洞等石窟群，都是"敦煌佛教石窟艺术体系"的组成部分。从形制到内容，它们的整体艺术风格非常相近。

东千佛洞中，壁画多属西夏时期。西夏王室崇信佛教，佛教信仰遍于全国。第2窟的窟门两侧的壁面上，就各画有西夏供养人一列，像旁均有西夏文题记。西夏中后期，藏传佛教盛行于西夏西部，第2窟中也出现了不少属于密宗的曼荼罗和经变画。西夏的国师亦为僧人，当年在张掖的迦叶如来寺发现涅槃佛像的僧人思能，正是当时的西夏国师。第4窟的正壁龛内，没有像惯例那样安置佛像，而是画了一幅高僧坐像，可能是为了纪念西夏的某位像思能那样的高僧。

最让人惊叹的，是第2窟的隧道两侧壁画上的两幅水月观音。"解了诸法，如幻如焰，如水中月"，所谓"水月"，即以水中月影譬喻诸法无实体。河西的西夏石窟壁画中，"水月观音"出现了数十次。东千佛洞的水月观音图的设色经过千年时光的洗练，依然可以看到大片蓝绿冷色与小片红黄暖色的强烈对比，异常鲜明而华美。在线条方面，水月观音图明显受到了宋代文人画笔法的影响，俊秀而又不失圆润。画面上，观音身处海中珞珈山，而玄奘携着猴行者，隔着海岸遥拜珞珈山上的观音。到西夏时期，唐僧取经的故事已经初具规模，人们相信，那个带领玄奘偷渡玉门关的胡人石槃陀，正是经过水月观音图中的猴行者，后来演变成为《西游记》中的主角孙悟空。

东千佛洞

　　东千佛洞位于距今甘肃省瓜州县城70千米的戈壁之中。始凿于西夏，清时曾加以修缮。

　　石窟分南、北两崖，南崖11窟，北崖12窟，留有壁画塑像者9窟，其中西夏5窟，元代1窟，清代3窟，共存彩塑46身。壁画总面积约486平方米，占比最大者为西夏壁画，为374平方米，其次为元代。壁画主要内容有水月观音、观音曼荼罗、文殊普贤变、涅槃变、药师变、说法图等。

291

瓜州县榆林窟

地址：酒泉市瓜州县城西南约70千米处
交通：坐出租车或自驾前往
门票：40元
文保等级：全国重点文物保护单位
推荐评级：★★★★

榆林窟又名"万佛峡"，开凿应不晚于隋朝。

"水月观音"题材的壁画再次出现在榆林窟的第2窟、第3窟、第29窟。除了佛教主题，舞蹈、对弈、农耕、冶铁等世俗生活的场景也为榆林窟带来了浓厚的生活气息。更重要的是供养人像，比如第19窟中表现的时任瓜州节度使的曹元忠。

公元848年，沙州豪族张议潮起兵反抗，占领了河西吐蕃，先后收复沙州、瓜州、伊州、西州、肃州等地并献给唐朝。公元851年，唐廷置归义军于沙州，以张议潮为节度使。公元861年，张议潮攻下凉州，河西故地尽数归唐。公元866年，张议潮麾下的回鹘人仆固俊攻克了北庭、轮台等地，丝路断绝百年，终于复得畅通。

为表达对唐朝的归顺，867年，69岁的张议潮前赴长安，代替因病去世的兄长张议潭，5年后，作为人质的张议潮在长安去世。接替节度使之位的，是张议潭之子、张议潮之侄张淮深。但在890年的一场归义军内乱中，张淮深与妻子、孩子都被杀害。

张淮深全家暴卒的来龙去脉，至今仍是一个谜。人们猜想，痛下杀手者或许是节度使的继任者——张议潮的儿子张淮鼎或者张议潮的女婿索勋。然后，张议潮第十四女、李明振之妻，也即索勋的小姨子张氏，在李氏家族的支持下，于894年诛杀索勋，拥立张议潮之孙张承奉为节度使。与祖父张议潮忠顺于唐朝不同，张承奉急于称王。五代十国时中原大乱，张承奉也自称"白衣天子"，建立"西汉金山国"，意为"西部汉人在敦煌西南的神山金鞍山的王国"，金鞍山也就是今天的阿尔金山。

不久，占据着河西走廊东部的甘州回鹘不断侵扰瓜、沙二州，张承奉归顺于甘州回鹘，改金山国为敦煌国，所辖不过瓜、沙二州。公元914年，张承奉去世，继位的统治者曹仁贵是张氏的姻亲，人们更熟悉的名号则是他在题署文书时常用的"曹议金"。曹议金废"敦煌国"国号，恢复"归义军"旧称，于公元 924 年重新归顺于中原的后唐王朝，并在此后击败甘州回鹘，使河西故道再次畅通。

榆林窟第 19 窟是在位时间最长的归义军节度使曹元忠的功德窟。曹元忠是曹议金之子，主室甬道南壁第一身供养人便是曹元忠的画像，榜题书写"推诚奉国保塞功臣敕归义军节度特进检校太师兼中书令谯郡开国公曹元忠一心供养"。身后画有一身小的男像，书写"男将仕郎延禄"，这是曹元忠的儿子曹延禄的画像，北宋时继任归义军节度使。与曹元忠像对称的甬道北壁第一身女供养人画像，便是他的妻子凉国夫人翟氏的画像，题记书写"敕受凉国夫人浔阳郡翟氏一心供养"，身后有一身小的女像，榜题书写"长女小娘子延鼐一心供养"，这是曹元忠的大女儿曹延鼐的画像。

公元 1036 年，西夏王李元昊攻陷瓜、沙、肃三州，河西故地尽归西夏，延续了将近 200 年的归义军政权寿终正寝。

瓜州榆林窟

　　榆林窟位于甘肃省瓜
州县城南 75 千米，榆林
河两岸，东千佛洞南面约
15 千米处。榆林窟有两个
相对的石窟群，东西相距
百余米。东部现存有 30 窟，
西部现存有 11 窟，总计
41 窟，约有 1000 平方米
的壁画与 100 余尊塑像。

第16窟曹议金供养像

榆林窟外观

石窟壁画内容包括佛教故事、花卉禽兽、士庶人物等，艺术风格与莫高窟、东千佛洞大体一致。其中第25窟为中唐时开凿，主室内的弥勒变和西方净土变气势宏伟，为唐代壁画精品。第16窟内的曹议金夫妇侍从供养像，以及第19窟内的曹元忠夫妇及子女供养像，有助于研究曹氏归义军政权的历史。

东疆拾趣

从瓜州西行，经过安西极旱荒漠国家级自然保护区，来到天山东端、甘肃与新疆交界的兵家要地星星峡，便叩开了新疆最东部城市——哈密的大门。

哈密的经济发展水平较高，但也注重文物保护，保留了不少历史遗迹。位于哈密市西南郊回城乡的回王陵与回王府景区是了解哈密伊斯兰宗教文化的窗口。回王陵是统治哈密的历代维吾尔族世袭王公的陵墓。七代回王伯锡尔在同治年间在战乱中被杀，清政府追念其汗马功劳，为其修建回王陵。回王陵下方上圆，规模不大但古朴大气。回王陵旁就是回王府，历代回王多有翻修，规模庞大，融合了汉族建筑和伊斯兰传统建筑的风格。景区内的艾提卡清真寺则是哈密地区最大的清真寺。

哈密博物馆是新疆较好的博物馆之一，就在回王陵对面，馆藏丰富。博物馆有两个常设展览，分别是"哈密古代文明"和"哈密自然与地质"。

　　歌舞艺术在哈密亦有看点。木卡姆传承中心位于博物馆附近，维吾尔木卡姆是维吾尔族的一种民间音乐，是联合国教科文组织认定的人类非物质文化遗产，由阿拉伯木卡姆和维吾尔族民歌融合而成，共有 12 个套曲，完整演奏需要 25 个小时。

　　世人皆知敦煌鸣沙山，殊不知哈密伊吾县也有一座鸣沙山。它的独特之处在于周围的草原湿地，山体仿佛是一圈碧绿翡翠之中凸出的金黄宝石。在山上你可以骑骆驼，带上滑板滑沙，观察四处乱窜的小型爬行动物，甚至可以光着脚走一段，体验细软、发烫又容易下陷的沙子踩在脚下究竟是怎样的感觉。

　　在哈密市下辖的巴里坤哈萨克自治县，旧名"蒲类海"的巴里坤湖也在等你到来。雪山、草地、湖水、牛羊与候鸟，个个色彩鲜明，和谐交织，湖畔毡房座座，牧歌飘扬。无论春夏秋冬，巴里坤湖都有不同的风情，正如每个季节的东疆都有趣味等你发现。

巴里坤湖

哈密市盖斯墓

地址：哈密市人民路55号，哈密博物馆对面
交通：哈密火车站坐10路或3路或1路至盖
　　　斯墓站
门票：免费
文保等级：自治区级重点文物保护单位
推荐评级：★★★

　　如今的新疆哈密地区，差不多相当于汉时的伊吾国，南北朝时期唐契在此称王，隋时在此置郡，唐代则设伊州。从河西走廊到哈密，要经过哈顺戈壁，也就是《西游记》中的流沙河。

　　《西游记》描写流沙河，"八百流沙界，三千弱水深。鹅毛飘不起，芦花定底沉"。其实流沙河并没有河水，只有流沙，这里现称哈顺戈壁，正是当年玄奘出瓜州后，险些葬送了性命的莫贺延碛。百里人

迹断、千里水草绝的莫贺延碛，使玄奘面临西去途中最严峻、最孤独的考验。上无飞鸟，下无走兽，复无水草，夜晚可以看见鬼魅举火，白昼只有狂风卷沙犹如暴雨。无助的玄奘念诵《般若心经》，向观音菩萨祈祷。解救他的还是那匹与胡翁交换得来的识途老马，玄奘后来感叹，"此等危难，百千不能备叙"。

玄奘经历了九死一生之后，出流沙而至伊吾，经过星星峡。星星峡在沙碛之中，是因风蚀作用而形成的干谷，全长约 15 千米，在丝路的北道，它是河西走廊与伊吾之间唯一的通道口。峡的两侧山石多产石英，夜色降临、月光照映，石英石闪闪发光，犹如千万颗星星，应该就是玄奘所谓的鬼魅举火。

求法的高僧走过星星峡，伊斯兰教的圣人也曾走过星星峡，只不过没有玄奘那样幸运，他的身影就此停留在了月下石英石的光辉中。贞观年间，唐太宗李世民邀请伊斯兰教传教者来唐。伊斯兰教的先知穆罕默德遂派出弟子盖斯、吾外斯、万嘎斯三人，前赴中国。从亚洲西部的阿拉伯半岛到亚洲东部，陆路遥远，三人所走的应该是海路。万嘎斯不幸病逝于广州，最终到达长安的只有盖斯和吾外斯，唐太宗热情地欢迎了他们。在西归途中，吾外斯病逝于河西。盖斯走得更远一些，走出了河西，一直走到了莫贺延碛。

莫贺延碛过于险恶，盖斯最终殁于星星峡，被草草掩埋，长眠于星光之下。此时大约是公元 635 年，哈密地区的宗教文化还远没有完成从佛教向伊斯兰教的转化。公元 627 年玄奘到达之时，这里尚未归唐，还是个绿洲国。玄奘曾在一所寺院驻足，寺中有位汉地来此的老僧人因为见到故乡之人，衣不及带，跣足出迎，抱着玄奘大哭了一场。听说高僧来到伊吾，伊吾本土的僧人都来参谒，甚至伊吾王也颇有兴致地前来领略大唐高僧的风采。归唐后，伊州的佛教力量依然强盛。公元 11 世纪喀喇汗朝兴起，以喀什噶尔为中心向东发起宗教战争，在于阗、龟兹等地击败了佛教势力，但以吐鲁番为中心的佛教阵营依然坚挺。

伊州故地的伊斯兰教力量压倒佛教力量，发生在东察合台汗国时期。元朝中期以后，四大汗国中数察合台汗国实力最强，甚至吞并了窝阔台汗国，称雄天山南北。1241 年察合台去世后，由于皇族内乱与其他蒙古部落的伊斯兰化，察合台汗国开始衰落，最终沿丝绸之路分裂为东、西两部分，曾经的西域绿洲国的土地，几乎尽数为东察合台汗国所控制。之前随着喀喇汗朝扩张而进入今新疆地区的伊斯兰教，在东察合台汗国时期遇到了新的机遇，大批蒙古贵族皈依伊斯兰教。仰仗着王室的支持，伊斯兰教最终还是进入了坚守着佛教传统的吐鲁番地区。最终在公元 15 世纪中叶至 16 世纪之间，吐鲁番地区的抵抗失败了，佛教失去了最后的据点。

盖斯墓外观

　　盖斯墓位于今新疆哈密市东郊大营门。

　　盖斯去世千年以后，哈密回王曾派人在星星峡为盖斯修建一座拱背。哈密回王是哈密地区的统治者，从康熙年间一直到民国时期，一共传了9世，大权在握，为千年前的传教圣人修拱背之事，不在话下，清末《新疆图志》也曾记载伊斯兰教徒朝拜这座拱背的盛况。1930年哈密回王的统治终结，盖斯拱背被拆毁。1939年，哈密的信徒们修起如今的盖斯墓，1945年将盖斯的遗骸由星星峡迁葬于此。

　　盖斯墓又称"圣人墓"，伊斯兰教崇尚绿色，因此又称"绿拱背"，掩映于绿树丛中，高约10米，下部方形，上部为拱式圆顶，顶部则用绿色琉璃瓦镶砌，四周有廊檐。伊斯兰教的教义规定，信徒一生中至少要去麦加朝圣一次。在盖斯墓的周边地区，许多实在去不了麦加朝圣的伊斯兰教徒，会纷纷前来这里朝拜。如今朝拜者所献的锦帏已经挂满了墓的内墙，叠盖在盖斯的坟上。

木卡姆之乡

哈密市以西的鄯善县与楼兰也有渊源。楼兰古国改名为鄯善后，曾有一批鄯善人迁入此地。直到清朝，此地才重现"鄯善"之名。如今这是一座与沙漠直接相连的神奇城市，库姆塔格（维吾尔语中的"沙山"）沙漠就在鄯善老城区南端，与老城区一路相连，多年来沙漠不进不退，与绿洲静静相对，坐公交车就能一路从绿洲奔向沙漠，再从沙漠返回绿洲，颇有穿越之感。在库姆塔格沙漠西边的迪坎尔村，据信是从楼兰故地迁来的鄯善人的居所，如果想要一次深度游，不妨去探访这片宁静的原生态村庄。

位于吐鲁番与鄯善之间、火焰山脚下的吐峪沟大峡谷可让你收获颇丰。在这里麻扎村、千佛洞与大峡谷风光融合，你可以一边看风景，一边看风情。麻扎村距今有 1700 余年历史，是新疆现存最古老的维吾尔族村落，分布在伊斯兰教圣人墓（麻扎）的周围。村民就在依地形而建、古朴到甚至有些简陋的黄黏土房屋里生活，淳朴热情，交流用维吾尔语，出行用驴车，可谓是民俗活化石。

　　鄯善县下辖的鲁克沁镇是吐鲁番木卡姆的发源地，拥有新疆第一处木卡姆艺术的传承中心。诗、歌、乐、舞，都在木卡姆艺术中融合，"无鼓不歌，无鼓不舞，鼓变乐变，乐变舞变"。当手鼓声响起，旋律流淌，人们载歌载舞，歌唱丰盈了心中的情感。如果能在鲁克沁听一段木卡姆，那就不要错过。

吐峪沟大峡谷

迪坎尔村

鲁克沁唐代柳中城遗址

地址：鲁克沁镇库尼夏村村口
交通：坐出租车或自驾前往
门票：免费
文保等级：全国重点文物保护单位
推荐评级：★★★

119年，北匈奴与车师后部勾结，占据丝路北道。鄯善王向东汉的敦煌太守曹宗求救，曹宗则向汉廷请求出兵5000人以击匈奴，复取西域。

然而，这时的东汉在气势上已远不能与汉武帝时的西汉相比。面对情况越来越棘手的西域，汉朝公卿朝议，多以闭玉门关而弃西域为便，索性将这个潜伏着各式麻烦的地区放弃了。只有邓太后召来参加朝堂会议的班超之子班勇坚持出兵。班勇继承了父亲的胆识与意志，将为中原王朝经营西域视为己任，说什么也不愿轻易放弃西域，轻易放弃各代前辈献出鲜血甚至生命来维护的土地。123 年，汉廷以班勇为西域长史，将兵 500，出屯属于车师前部的柳中。

柳中东通伊吾，西通焉耆，北通金满城，南通楼兰城，东南则通敦煌。虽然只有 500 兵力，离曹宗所请求的 5000 兵力差得远，但是多亏了班勇的勇气与才干，以柳中为据点，班勇先后收复了楼兰、龟兹、姑墨、温宿与车师前部，之后又回到柳中，继续屯田。

公元 629 年，玄奘离开伊吾前赴高昌时，应该是从属于高昌国的柳中城进入高昌城的。公元 640 年，唐朝派大将侯君集攻灭麹氏高昌国，推行唐政，柳中城遂改为柳中县。《元和郡县图志》记载，柳中县居于驿道之中，城极险固，班勇当年屯田的柳中城，由此成为大唐西州的东大门。如今位于新疆吐鲁番地区鄯善县鲁克沁镇的唐代柳中城遗址，便是当年柳中城的残影。

鲁克沁唐代柳中城遗址

　　鲁克沁唐代柳中城遗址位于新疆吐鲁番地区鄯善县鲁克沁镇。

　　遗址损毁较严重，现存一段土块砌筑的城墙，又名"汉城墙"，为班勇率兵于此屯垦戍边时的遗迹。"柳中"的名称曾沿革多次，曾出现过"柳城""鲁城"等称呼，"鲁"可能是"柳"的音变。

　　目前鄯善县人民政府已将柳中城遗址列入修复计划中。

北庭的绚丽色彩

　　吉木萨尔位于天山北麓东端、准噶尔盆地东南缘，西面是古尔班通古特沙漠，与吐鲁番经由车师古道相连，属新疆昌吉回族自治州管辖。公元640年，作为贞观之治的一个举措，唐朝在今吉木萨尔县境内设立庭州，到了武则天时期又将庭州升为北庭都护府。如今吉木萨尔不仅是汉族、回族、维吾尔族的家园，哈萨克族与蒙古族等也在这里生活。

　　除了以北庭古城遗址为主的历史人文景观，吉木萨尔的自然风光色彩斑斓，它有一座五彩城，一座火烧山。

　　五彩城是一处丘陵区，景如其名，远古时期这里曾沉积着很厚的煤层，风雨剥蚀了煤层表面的沙石，煤层暴露后又经历暴晒或雷击因而起火，加之各地质时期矿物质含量不同，山体因此显现出绮丽的色彩：赭红、橙红、金黄、青绿、灰绿、灰白、灰黑……与新疆大部分地区相似，风力作用使这里也呈现雅丹地貌的特

五彩城

征，远望过去仿佛楼宇参差的城郭，故名五彩城。虽然外观似城，身处茫茫戈壁之中的五彩城里没有植被，几无人烟，最近的城镇是相距约 85 千米的五彩湾镇，因此前往五彩城游览需要注意食宿安排妥当。

　　火烧山也是一处丘陵区，与五彩城相距不远，由数百个球状小山包组成，连绵起伏。虽然名字中都带有"火"字，吐鲁番的火焰山以其气温高似火焰燃烧而得名，火烧山则以其色彩如火焰而得名。大面积的赭红色烧结岩分布于此，使这里成为北疆大地上浓墨重彩的一笔。到了日落时分，火烧山色彩更为浓烈夺目，热爱摄影的朋友请别错过。

火烧山

吉木萨尔县北庭古城遗址

地址：吉木萨尔县城北10千米
交通：坐出租车或自驾前往
门票：48元
文保等级：世界遗产
推荐评级：★★★★

  在今天的新疆吉木萨尔县城北，有一处长方形的古城遗址——北庭古城遗址。说来有趣，清朝时被流放到新疆的大学士纪晓岚，正是第一个发现古城遗址的人。当时纪晓岚到吉木萨尔，为的是选择一块合适的区域作为驻军所在地。在勘察过程中，他偶然发现了一座废弃的古城，在好奇心的驱使下，他对遗迹做了初步的考察，不仅挖掘，还测量了城墙砖的大小，并根据遗迹中的大量灰炭判断这座古城毁于战火。查阅资料后，纪晓岚判断，这就是北庭都护府遗址。

北庭古城的前身，就是汉时的金满城。金满城本是车师后部的治所。公元75年，在车师前部、后部统一之后，这里来了一位领兵屯戍的汉朝将领——耿恭。耿恭曾与窦固、耿秉并肩作战，攻降车师，然后以戊己校尉的身份前往金满城，主持屯戍。汉明帝驾崩后，耿恭又成功地抵御了匈奴的进攻，守住了金满城。

南北朝时，柔然与突厥先后统治金满城，现在的县名"吉木萨尔"应该是突厥人留下来的。不过唐朝将这里称为"可汗浮图"，可汗浮图城降唐之后，唐廷在此设置庭州，702年武则天又在庭州设置北庭都护府，统辖天山北麓广大的西突厥故地，并于709年升级为大都护府，形成天山以北安西、北庭两大都护府分疆而治的格局。791年吐蕃占领北庭，然后回鹘人仆固俊在此建立政权。

西州回鹘王室崇信佛教，如今位于吉木萨尔县城西南5千米处有千佛寺。在北庭被察合台汗国据有并在14世纪改信伊斯兰教后，千佛寺也随之衰败。

北庭古城遗址（北庭高昌回鹘佛寺遗址博物馆）

北庭古城遗址位于新疆吉木萨尔县城北 10 千米。又称"护堡子古城"，突厥语称为"别失八里"，意为"五城"。

遗址周长约 4600 米，平面均呈不规则的南北长方形，城外环绕着护城河。有内外二城，内城城墙周长约 3000 米，外围也凿有护城沟。由于破坏较严重，现今只残存南、北、西三面的城垣，官署和街市也仅仅依稀可见。12 处残存的建筑基址中，外城 7 处，内城 5 处，应系大型建筑遗址。

吉木萨尔县车师古道

徒步线路：吐鲁番—大河沿—三星牧场—
　　　　　冰达坂—六道桥—水文站—泉
　　　　　子街—吉木萨尔

推荐评级：★ ★ ★ ★

　　炎热酷暑，吐鲁番盆地的高昌地区自然酷热难耐，但到了冬天这里却成了避寒的好地方。栖身绿洲的王室，自然知道怎样才能让自己过得更舒服，因此在西州回鹘时期，高昌乃冬宫，夏宫则是北疆的北庭。高昌王要在这两个地方之间来回，走的就是车师古道。

　　丝绸之路在今天新疆地区的部分，是一个复杂的道路系统——南道、中道、北道是东西方向的主干道，但在南北方向也有支道存在，使主干道彼此连通。这些支道就好似连通大血管的小血管和毛细血管。车师古道，便是其中的一根小血管。

　　跨越天山南北的车师古道已经有 3000 余年的历史。自汉武帝通西域、开辟草原之路以来，车师古道就是连接丝路中段中道与北道的捷径。汉时，车师国分裂成前部与后部，前部留在吐鲁番地区，而后部则北迁至吉木萨尔一带，连接起前部与后部的，便是这么一条古道，因此得名"车师道"，唐代又称"他地道"。

　　车师古道之长，已足够让你在同一条路上领略到四季的变化，如果对生物学和气象学感兴趣，还可以在这里感受中国植被垂直带和气候垂直带。在车师古道由南向北寻访古迹，先是绿洲上的堡垒，然后是边境上的烽燧，最后看到的是散落在草原上的石人。

　　石人是突厥人喜爱使用的殉葬品，大多用天然的巨石稍加雕琢而成，男女老少皆有，高约 1.3 米。雕刻的线条古朴、粗糙，面部表情各异，刻画表情的线条或迟钝，或流畅。这些生者献给死者的纪念物，零落地站立在空旷的草原之上、辽阔的蓝天之下，正契合了马背上的民族的气质，他们乘风而来又随风而去，生前整个草原都由他们驰骋，死后他们也拥有不见边际的天空。

车师古道

车师古道全长约 180 千米。道路的北端是今天的吉木萨尔县泉子街乡镇大龙沟；向南行至天山山口，是通向吐鲁番的第一道山口，东汉时称疏勒山，如今称卡子湾；接着过六道桥，再前行约 4 千米，抵达终年积雪的顶峰，海拔 4000 余米的冰达坂；再接着经过石窑子沟、塔尔朗沟，直至吐鲁番的鲁克沁。

伊犁河畔的家园

　　伊宁市地处伊犁河谷盆地中央，古称宁远，始建于清，为清朝伊犁九城之一。如今的伊宁是伊犁哈萨克自治州的首府，是经济高速发展的民族熔炉，哈萨克族、汉族、维吾尔族、回族、蒙古族、锡伯族等将近 40 个民族共同建设的家园。

　　要想直观了解一个旅游目的地的历史人文概况，最直接的方法是去博物馆，伊宁也不例外。位于伊宁市市中心的伊犁哈萨克自治州博物馆里陈列了伊宁的出土文物、哈萨克人的草原文化与民俗风情，可作为你亲近伊宁的第一步。

　　来到伊宁，就不得不看这一地区的母亲河——伊犁河。伊犁河是新疆流量最大的内陆河，滋养了两岸的土地。在她流经的地域，天空碧蓝，雪山晶白，草原翠绿，油菜花金黄，整个伊犁河谷仿佛是从天而降落在大地上的调色盘。在伊宁市的伊犁河风景旅游区，在伊犁河大桥上拍摄伊犁河落日已经成为摄影爱好者的传统项目，宽阔的河面上余晖粼粼闪烁，进入镜头的人物剪影都带上了静谧辽远的气质。

喀赞其民俗旅游区是伊宁市主打的人文景区，以展示维吾尔族风情为主。"喀赞其"在维语中意指"锅匠"，据史料记载，17世纪时从南疆来到伊犁开荒的维吾尔族人（亦称塔兰其人）最早聚居于此。在这块民族聚居地，你既可以看到中西亚特色，又可以看到伊宁"塔兰其"传统文化的表达，坐上马车慢慢欣赏路两旁蓝墙红砖的异域风情。

喀赞其民俗旅游区附近的汉人街则是著名的吃货聚集地。汉人街美食大巴扎汇集了各类本地美食，羊肉串、羊蹄、羊杂汤、凉皮、烤肉……再加一杯卡瓦斯或者酸奶，整餐费用便宜，食客心满意足。由于降雨相对充足，伊宁可能是新疆最适合种植苹果的地区，在瓜果成熟的秋天来到伊宁必定收获颇丰。伊宁也广泛种植薰衣草，并致力于打造薰衣草品牌，在伊宁市区很容易就能买到薰衣草与薰衣草制品。

伊犁河

伊宁县弓月城遗址

地址：伊宁县城西北约4千米
交通：坐出租车或自驾前往
门票：免费
文保等级：自治区级重点文物保护单位
推荐评级：★★★

伊犁河流域，曾是诸多游牧民族的家园，西突厥的分支突骑施是其中之一。

公元657年，唐攻灭西突厥，在其旧地设置濛池、昆陵二都护府，公元659年，阿史那贺鲁叛乱失败，影响力随之衰落，取而代之的是其部下乌质勒。乌质勒掌管十姓之后，尽有濛池、昆陵二都护府故地，以碎叶城为大牙帐、弓月城为小牙帐。碎叶城在葱岭以西、今吉尔吉斯斯坦托克马克地区，而"陪都"弓月城则在游牧民族的水脉——伊犁河边。

弓月城扼守着丝绸之路中段北道的重要通道——登努勒山口。从唐廷的军事重镇北庭出发，沿着丝绸之路前往大牙帐碎叶城，弓月城是必经之地。但在宋元时期遭遇毁弃之后，弓月城饱经摧残，如今只剩下墙基。

想象一下自己成为唐人，能从北庭一路走到弓月城，也是很不容易。伊塞克湖已经不远了，而从伊塞克湖边的碎叶城再往西，走向中亚的腹地——那便是另一个故事了。

弓月城遗址

　　弓月城遗址位于今新疆伊宁县城西北4千米的吐鲁番圩孜乡东北部。又名"吐鲁番圩孜旧城"，当地人称之为"阿勒吞勒克"，在维吾尔语中意为"金城"。

　　弓月城依山傍水，扼守古丝绸之路重要通道登努勒山口。此城兴于唐代，公元7世纪中叶为突厥的小牙帐，地位仅次于碎叶城。之后伊犁河谷的中心转移到阿力麻里城，但弓月城作为丝路中段北道上的重要节点，直到宋元之后才逐渐遭毁弃。

　　遗址略呈方形，如今仅存墙基，周长约1400米，高1至5米，宽约2米。中间有一条大道将遗址划分为两半。1936年，军阀盛世才统治新疆时，曾为寻找黄金宝物盗掘弓月城遗址，使遗址遭到严重破坏。不过，1987年，村民在遗址植树时，曾挖出陶罐一个和镀金铜佛一尊，这铜佛高17厘米，足踏莲花，面容安详，形象逼真；1991年又有人挖出古陶瓮一个，约80厘米高，口径35厘米，这些文物都见证了弓月城当年的繁荣。

附录：知识进阶

一、"丝绸之路"的含义

从德国地理学家李希霍芬（Ferdinand von Richthofen）于19世纪80年代提出"丝绸之路"（德语"Seidenstrasse"），到2014年中国、吉尔吉斯斯坦、哈萨克斯坦联合提交的"丝绸之路：'长安—天山廊道'路网"项目申遗成功，一百余年过去，丝绸之路的内涵也变得十分复杂。它是一个隐喻，象征着不同文明体之间的碰撞，无法说清这样的碰撞究竟始于何时，也无法说清各个文明体之间的边界究竟在哪里，只能根据多少有些武断的时期、地域划分方法来把握。它又是一个愈发庞大的话语体系，其中不乏神话，不乏出于各类政治立场而产生的想象，一次次的建构与解构伴随着话语权的争夺。当年在各个

李希霍芬

323

文明体相遇的地方发生的争执，如今依然在发生。

全面占领生活的大众媒体，也让丝绸之路从探险家、学者的世界中走出来，成为民众抒发思古之情、拓展精神生活维度的空间。日本 NHK 电视台曾分别于 1980 年、2005 年推出两套与中央电视台合作取材的丝绸之路纪录片，可谓尽力发掘了丝绸之路的美学可能性，不仅着力表现各地独特的沙漠、高山、草原景观，同时强调古今交错的历史性美感，例如让长眠长安城的日本遣唐使井真成"起死回生"，带着观众游览今日的西安城。从这两套纪录片受到的好评来看，观众欢迎这样的处理方式，也确实需要丝绸之路这般包罗万象的审美空间，来调和现实生活中的单调乏味。

李希霍芬大约不会想到，自己为了提出架设连接中国与西方的欧亚铁路的方案而考察的丝绸之路，竟会在后世产生远远超出初衷的影响。在李希霍芬眼中，从西安府经兰州府到塔里木盆地，再到中亚，最后到达地中海地区的这条漫长而确定的东西通道，聚合了诸多架设铁路的有利条件。之所以命名为"丝绸之路"，也只是因为丝绸是经这条通道运输的大宗商品的代表。

如今学术界讨论的丝绸之路主要含义如下：

1. 陆上丝绸之路：包括"西北丝绸之路"与"西南丝绸之路"。"西北丝绸之路"指经过古代中国西北疆域（今甘肃省、新疆维吾尔自治区等地）向西进入中亚的道路，包括穿过游牧民族活动的欧亚大草原的"草原之路"，与连接起沙漠中各个绿洲国的"绿洲之路"。"西南丝绸之路"指经过古代中国西南疆域（今四川省、云南省等地）到缅甸，再进入印度、中亚等地的道路。

2. 海上丝绸之路：包括"南方水路"与"东方水路"。"南方水路"指从古代中国南部沿海（今江苏省南部、浙江省、福建省、广东省等地）出发前往东南亚、西亚、北非的水路，"东方水路"指从古代中国东部沿海（今山东省、江苏省北部等地）出发前往日本的水路。

由此可见，学术讨论中的丝绸之路已然是一个巨大的框架，凡是与东西方交流相关的内容，都可以填充进去。

本书介绍的是"西北丝绸之路"在今日中国境内的部分，即从今陕西省西安市出发，经过1000千米河西走廊，到达今新疆塔里木盆地与天山地区，终至新疆与中亚的交界处。本书关注的时期始于西汉汉武帝时张骞始通西域，终于唐朝灭亡。这是西北丝绸之路的发展与兴盛期，亦是古代中国获得并苦心经营西北疆域的时期。随着唐朝灭亡与海路地位上升，这条辉煌一时的陆路也逐渐湮没在沙石之中。17世纪初，葡萄牙耶稣会士鄂本笃意图从这条古道走向他所向往的"契丹"，却重重遇阻，中途抱憾离世。鄂本笃所看到的西北，早已没有汉唐时繁荣通畅的旧影了。

二、"西域研究"的学术史

在中国境内的"西北丝绸之路"可以分为三个部分：

1. 长安：它是起点，也是中原王朝的统治中心。它凝聚着中原王朝向西进发的政治决策，也是广义上的西域文化向东汇聚的焦点，不同的文化川流汇聚于此，长安是千年以前的纽约。

2. 河西走廊：包括汉时的武威、张掖、酒泉、敦煌四郡，唐时的凉州、甘州、肃州、沙州。它是漫长的过渡段。在汉武帝将其纳入中原王朝版图之后，便成了不同的政治力量博弈的场所，同时也是不同的宗教、文化混同共存的空间。这样包罗万象的特点，将在魏晋十六国的五凉时期成熟，形成瑰丽的"五凉文化"。

3. 狭义的西域：即河西走廊西端与帕米尔高原之间的土地，相当于今天的新疆。它零碎而多姿，因为西域小国各有政治、宗教、文化传统，将本就有限的生存空间割裂成碎片，各自吸取异文化的营养，各自生长，这才有《大唐西域记》记载的种种风情。它又不稳定，因为西域小国实力有限，往往会成为其他更强大的力量——例如中原王朝与匈奴、突厥等游牧民族——彼此对抗的战场，或成为其中一股力量的附属。

从长安到天山，这条道路就由这三个性格迥异的部分组成。相比西域，长安、河西走廊的历史进程显然要清晰、集中得多。也许正是因为这种复杂，再加上大漠深处的神秘气息，西域研究吸引了一代代探险家和学者，在此稍作回顾。

首先是最初的海外汉学与清朝的西北舆地学。法国的雷慕沙（J. P. A. Remusat）、儒莲（S. Julien）、沙畹（Ed. Chavannes）研究了于阗国（在今新疆和田）、法显的《佛国记》、玄奘的《大唐西域记》、《大慈恩寺三藏法师传》、西突厥汗国等主题。西北舆地学开始于乾隆年间征服占领天山南北的准噶尔部、回部之后，一些学者结合了乾嘉考据学与西洋制图学，拿出了第一批符合现代学科标准的研究著作，如徐松的《西域水道记》，不仅利用了碑志材料，还加入了实地考察的成果。

此时的西域研究还只是小众的话题，真正将西域带入国际视野的，是随后的一批探险家。这批探险家与殖民战争一同来到西域这片亚洲腹地：李希霍芬的学生、瑞典的斯文·赫定（Sven Hedin），英籍匈裔的斯坦因（A. Stein），德国的格伦威德尔（A. Grünwedel）和勒柯克（A. von Le Coq），法国的伯希和（P. Pelliot），日本的大谷光瑞，俄国的科兹洛夫（P. K. Kozlov）和奥登堡（S. F. Oldenburg），都曾率领考察队深入大漠。他们之中有的是素养深厚的学者，如汉学家伯希和，有的则是僧人出身，如大谷光瑞。他们的动机可能不同，但结果相仿：找出的文物震惊世界，尤其是斯坦因与伯希和在敦煌莫高窟藏经洞的发现，这直接导致了一门学科——敦煌学的诞生。

境外西域研究突飞猛进，一些中国学者也不落于潮流。罗振玉、王国维根据沙畹寄送的资料辑出《流沙坠简》，考释敦煌、罗布泊、尼雅等地出土的文书。此后王国维又进行了一系列关于鞑靼、蒙古的研究。通晓多种现代西方语言与古代东方语言的陈寅恪，也针对梵文文书等材料做了研究。

中国境内正式将西域研究视为独立门类，应数"中西交通史"这一学科的出现。"中西交通史"一词最早出现于20世纪20年代，30年代初由张星烺、向达正式提出，作为研究先秦至明清的中西交流的独立学科。此处的"西"不仅指中亚、西亚、欧洲，亦指同在古代中国的"西"的概念范畴内的南亚。

随着中国自己培养出一批优秀的考古学家，如在罗布泊地区与吐鲁番盆地做出重大贡献的黄文弼先生，越来越多的文物出土，逐渐丰富了研究者的认知。冯承钧、向达等学者纷纷出版专著。

经过了"文革"十年的破坏，国内的西域研究从80年代中期开始恢复，并且努力与国际接轨，在安西四镇、高昌国、敦煌等主题上都出现了一大批专业化的研究成果，详情可参考北京大学荣新江教授的《西域史研究的回顾与展望》一文。

总之，西域研究从一开始就是国际化的学科，现在依然是国际学界讨论的热点。深居亚洲腹地的西域，在一百余年前揭开了黄沙面纱，如今当我们深入大漠一探风情时，依然绕不过当年那些探险家的足迹。

三、是商业之路，也是政治与宗教之路

本书的介绍集中于政治与宗教两个方面。这并不是在否认丝绸之路上商业贸易的重要性，而是想强调通路上各支政治力量的博弈，与佛教、摩尼教、景教、伊斯兰教等宗教沿此通路自西向东的传播。

汉朝对抗匈奴，夹在强力之间的西域小国摇摆不定，柔然、高车、铁勒等游牧民族互相攻伐，五凉政权彼此替代与北魏的胜利，唐朝对抗突厥，敦煌的归义军政权对抗吐蕃，回鹘掌控吐鲁番地区……种种政

治军事上的你来我往，都在这条通路上演。这些对抗的过程和结果都改变了通路所经地区的面貌。

佛教来自天竺，在出生之地不敌印度教，却在古代中国开枝散叶，尤其在河西与西域留下惊人的艺术精品；摩尼教来自波斯，最终在9—10世纪的吐鲁番地区高昌回鹘政权实现最后的辉煌；景教是基督教异端聂斯托利派由叙利亚景教士阿罗本带进中原，在唐朝的两京（长安、洛阳）立足；伊斯兰教从公元7世纪开始快速扩张，最终凭借占据了疏勒的喀喇汗朝向西域进发，于阗、龟兹等大漠佛国就此陨落。

商业贸易其实也与政治状况息息相关。民间的自发贸易可追溯到先秦，甚至在河南安阳殷墟也曾发现和田玉，但真要形成现象级别的贸易，还是要等到汉帝国通西域之后；如果在中原王朝大乱、各个政权割据的情况下还能保持贸易通畅，那么隋炀帝也没有必要派裴矩去张掖考察，寻求恢复贸易的解决方案了；戍边屯田的将士，亦为屯戍处商业繁荣出了力，他们将农产品与从中原王朝带来的物品拿到当地市场上交换，有学者甚至认为这些屯戍将士才是当地商业的主力。按照如今史学发展的潮流，强调政治军事史看上去似乎有些"过时"了，但潮流并不意味着垄断，至少在讨论从长安到天山的这条通路时，如果忽视了政治形势，势必不利于理解。

每一个地点的历史都是复调音乐。之前来到某个地点的，可能是野心勃勃的王侯，可能是跋涉千里的使者，可能是骁勇善战的将领，可能是诚心求法的僧人。这些投身于政治与宗教事业的人在史书上留下了姓名，它们编织成了复调音乐中最明显的旋律，这个地点也因他们的存在获得强烈的历史感。要想把握一个尚不熟悉的地点，从这些明显的要点入手，先形成一个大致的理解，再慢慢体会更宏大的背景也不迟。

　　行路与读书相辅相成。单凭阅读无法体会诸多细节，还需亲眼一见，但若对要见的东西没有什么概念，那也很可能是白跑一趟。本书希望以"讲故事"的方式提供基本的历史学信息，帮助读者建立概念，至于更丰富的细节，由于讨论对象本身复杂而篇幅有限，还有待读者亲自前去各个地点发掘。

图书在版编目（CIP）数据

丝绸之路自助游指南 / 盛舒蕾著. — 杭州 ：浙江大学出版社，2018.8

ISBN 978-7-308-17746-7

Ⅰ．①丝… Ⅱ．①盛… Ⅲ．①丝绸之路－旅游指南－ Ⅳ．①K928.6

中国版本图书馆CIP数据核字(2018)第000155号

丝绸之路自助游指南

盛舒蕾 著

策　　划	杭州必有方文化创意有限公司	
主　　编	大漠戊	
责任编辑	谢　焕	
责任校对	杨利军　闻晓虹	
封面设计	城色设计	
出版发行	浙江大学出版社	
	（杭州市天目山路148号　邮政编码 310007）	
	（网址：http://www.zjupress.com）	
排　　版	杭州林智广告有限公司	
印　　刷	杭州钱江彩色印务有限公司	
开　　本	880mm×1230mm　1/32	
印　　张	10.75	
字　　数	166千	
版 印 次	2018年8月第1版　2018年8月第1次印刷	
书　　号	ISBN 978-7-308-17746-7	
定　　价	48.00元	